동영상강의 유튜브채널 | **박문각경찰/에듀윌** 신변임당 | 경찰채용 / 경찰간부 / 경찰승진 / 법원직 / 검찰직 시험대비
해양경찰 / 철도경찰 / 군무원 / 법무사 / 변호사 시험대비

PARFAIT
형사법 1개년 판례집

(형총 + 형각 + 수사·증거)

변호사 **신현식** 편저

· 형법과 형사소송법 수사·증거 부분의 대법원 최신판례를 정리
· 2025.1.31.까지 선고된 대법원 판례 및 미간행 판례를 정리
· 가독성을 위해 저자가 직접 중요부분을 강조하고 재편집
· 판례의 깊은 이해를 위해 사실관계 및 판결이유를 정리

도서출판 더본

머리말

경찰공무원, 법원·검찰직 공무원 등 모든 공무원시험에서 형사법 과목은, 최신판례 특히 직전 1개년 판례에 대한 출제비중이 매우 높다. 보통 최소 2문제 이상이 출제되므로 최신판례를 준비하지 않는다면, 고득점은 힘들 수 밖에 없다. 따라서 현재 형사법 시험을 곧 보게 되는 수험생들에게 필수적인 준비과정인 1개년 최신판례 학습이 가능하도록, 그리고 그 부담감을 줄여주기 위해 작년에 이어 올해도 본서를 출판하였다.

본서의 특징은 다음과 같다.

1. 본서는 경찰채용시험을 기준(형법 및 형사소송법 수사·증거)으로 하여 집필한 최신판례집이다.
저자는 기존에 진행하던 에듀윌 검찰직 형법강의를 위해 집필한 파르페 형법 1개년 판례집을 집필하였다. 그러나 2025년부터는 저자가 박문각 경찰채용 형사법강의를 시작하면서 이를 위해 1개년 판례집을 집필하게 되었다. 기존의 검찰직 수험생들도 본서를 통해 형법과 형사소송법 수사·증거 부분의 최신판례를 효율적으로 정리할 수 있을 것이다.

2. 본서는 2025. 1. 31.까지 선고된 대법원 판례 및 미간행 판례를 모두 검토하여 정리하였다.
2023. 12.부터 2025. 1. 31.까지 대법원에서 선고되어 외부로 공표된 모든 형법 판례를 대상으로 집필하였다. 즉 출판일 기준으로 가장 최근에 판례공보에 수록된 대법원 판례들도 모두 포함하여, 독자들이 최신판례에 대하여 완벽하게 준비할 수 있도록 하였다. 그 후에 추가되는 판례는 저자의 네이버카페 신현식형법형소법(https://cafe.naver.com/withshs)의 게시판을 통하여 계속 업로드하도록 할 것이다.

3. 본서는 가독성을 위해 저자가 직접 중요부분을 강조 표시하고, 판결 요지를 의미 단위로 재편집하였다.
판례의 내용이 길고 복잡한 경우가 많아, 중요한 핵심을 기준으로 굵은 글씨로 강조하여 가독성을 높였다. 또한 판결요지가 너무 길어서 이해가 힘든 경우에는 판결요지를 다시 나누어 재구성함으로써 이해를 쉽게 하도록 하였다.

4. 본서는 판례의 깊은 이해를 위해 사실관계 및 판결의 이유를 정리하였다.
대법원 판결문을 그대로 출판하지 않고, 판결요지에 추가하여 판례를 정확하게 이해하고 사례형 시험까지 완벽하게 대비할 수 있도록 필요한 사실관계 및 공소사실은 저자가 직접 편집·요약하여 서술하였다. 본서의 모든 독자들이 판례를 완벽하게 이해하는데 큰 도움이 될 것이다.

본서를 통하여 최신 1개년 판례를 정리하고 형법 공부를 잘 마무리하여 독자들이 원하는 결과를 얻기를 기원한다.

모든 수험생들의 건승을 빈다.

2025. 2. 1.

변호사 신현식

목 차 Contents

- 형 법 총 론 -

[1] 죄형법정주의(법률주의, 명확성·소급효금지·유추해석금지의 원칙) ········· 6
[2] 형법의 시간적 적용범위 ········· 14
[3] 형법의 장소적 적용범위 ········· 15
[4] 형법의 종류와 성립·처벌·소추조건 ········· 15
[5] 행위와 주체와 객체(양벌규정) ········· 15
[6] 구성요건론(고의, 인과관계, 착오) ········· 16
[7] 부작위범 ········· 22
[8] 과실범 ········· 22
[9] 결과적 가중범 ········· 23
[10] 위법성론(정당방위, 긴급피난, 자구행위, 승낙, 정당행위) ········· 23
[11] 책임론(책임능력, 금지착오, 기대가능성) ········· 27
[12] 미수론(장애·중지·불능미수, 예비죄) ········· 29
[13] 정범 및 공범론(간접정범, 공동정범, 교사범, 종범) ········· 30
[14] 죄수론 ········· 32
[15] 형벌론 ········· 35

- 형 법 각 론 -

[1] 살인의 죄 ········· 37
[2] 상해와 폭행의 죄 ········· 37
[3] 과실치사상의 죄 ········· 38
[4] 유기와 학대의 죄 ········· 38
[5] 협박의 죄 ········· 38
[6] 강요의 죄 ········· 39
[7] 체포와 감금의 죄 ········· 39
[8] 약취와 유인의 죄 ········· 39
[9] 강간과 추행의 죄 ········· 39
[10] 명예에 관한 죄 ········· 42

[11] 신용·업무와 경매에 관한 죄 ··· 45
[12] 주거침입죄(비밀침해죄) ·· 48
[13] 재산죄의 기초(친족상도례 등) ·· 53
[14] 절도의 죄 ··· 53
[15] 강도의 죄 ··· 54
[16] 사기의 죄 ··· 54
[17] 공갈의 죄 ··· 56
[18] 횡령의 죄 ··· 58
[19] 배임의 죄 ··· 59
[20] 장물의 죄 ··· 60
[21] 손괴의 죄 ··· 60
[22] 권리행사를 방해하는 죄 ··· 61
[23] 공안을 해하는 죄 ··· 61
[24] 방화와 실화의 죄 ··· 61
[25] 교통방해의 죄 ··· 61
[26] 통화에 관한 죄 ··· 61
[27] 유가증권 등에 관한 죄 ··· 61
[28] 문서에 관한 죄 ··· 61
[29] 인장에 관한 죄 ··· 62
[30] 성풍속에 관한 죄 ··· 63
[31] 도박에 관한 죄 ··· 67
[32] 신앙에 관한 죄 ··· 67
[33] 내란·외환의 죄 ··· 67
[34] 공무원의 직무에 관한 죄(직무유기,공무상비밀누설,직권남용) ···················· 67
[35] 뇌물죄 ··· 68
[36] 공무방해에 관한 죄 ··· 69
[37] 위증과 증거인멸의 죄 ··· 71
[38] 도주와 범인은닉의 죄 ··· 71
[39] 무고의 죄 ··· 74
[40] 특별형법 등 기타 판례 ··· 75

- 형사소송법(수사·증거) [수사] -

[1] 수사의 의의와 구조 ··· 83
[2] 수사의 주체와 대상 ··· 83
[3] 수사의 단서 ··· 83
[4] 불심검문 ··· 83
[5] 고소 ·· 83
[6] 고발 ·· 83
[7] 자수 ·· 83
[8] 변사자 검시 ··· 83
[9] 수사의 기본원칙 ··· 83
[10] 임의수사 ··· 83
[11] 대인적 강제수사 ··· 83
[12] 대물적 강제수사 ··· 83
[13] 수사상 증거보전 ··· 99
[14] 검사의 수사종결 ··· 99
[15] 불기소처분에 대한 불복 ··· 99
[16] 경찰의 수사종결 및 통지 ··· 99
[17] 공소제기 후의 수사 ··· 99

- [증거] -

[1] 증거 일반 ··· 99
[2] 증명의 기본원칙 ··· 100
[3] 자백배제법칙 ··· 105
[4] 위법수집증거배제법칙 ··· 105
[5] 전문법칙 ··· 108
[6] 증거동의와 증거능력 ··· 116
[7] 탄핵증거 ··· 116
[8] 자백의 보강법칙 ··· 116
[9] 공판조서의 증명력 ··· 116

- 형법총론 -

[1] 죄형법정주의
(법률주의, 명확성·소급효금지·유추해석금지의 원칙)

---

① 군형법상 상관명예훼손죄에 위법성 조각사유를 규정한 형법 제310조가 유추적용되는지 여부(적극)

군형법은 제64조 제3항에서 '공연히 사실을 적시하여 상관의 명예를 훼손한 경우'에 대해 형법 제307조 제1항의 사실적시에 의한 명예훼손죄보다 형을 높여 처벌하도록 하면서 이에 대해 **형법 제310조**와 같이 공공의 이익에 관한 때에는 처벌하지 아니한다는 규정을 별도로 두지 않았다. 그러나 입법에도 불구하고 입법자가 의도하지 않았던 규율의 공백이 있는 사안에 대하여 법규범의 체계, 입법 의도와 목적 등에 비추어 정당하다고 평가되는 한도 내에서 그와 유사한 사안에 관한 법규범을 적용할 수 있다고 할 것인바, **형법 제307조 제1항의 행위에 대한 위법성조각사유를 규정한 형법 제310조는 군형법 제64조 제3항의 행위에 대해 유추적용된다고 보아야** 한다. 이유는 다음과 같다. **군형법상 상관명예훼손죄는** 상관에 대한 사회적 평가, 즉 외부적 명예 외에 군 조직의 질서 및 통수체계 유지 역시 보호**법익**으로 한다. 그런데 군형법 제64조 제3항의 상관명예훼손죄는 행위의 상대방이 '상관'이라는 점에서 형법 제307조 제1항의 명예훼손죄와 구별되는 것일 뿐 구성요건적 행위인 명예훼손을 형법상의 개념과 다르게 해석할 이유가 없다. 따라서 **군형법상 상관명예훼손죄와 형법상 명예훼손죄의 불법내용에 본질적인 차이가 있다고 보기 어렵고**, 문제 되는 행위가 '**공공의 이익에 관한 때**'에 해당하는지를 심사할 때에 상관명예훼손죄가 보호하고자 하는 **군의 통수체계와 위계질서에 대한 침해 위험 등을 추가적으로 고려함으로써 위법성조각사유의 해당 여부를 판단하면 충분**하다(2024. 4. 16. 선고 2023도13333).

---

② 「게임산업진흥에 관한 법률」에서 정한 '게임물을 보관하는 행위'에 해당하는지 여부가 문제된 사건

[1] 형벌법규의 해석은 엄격하여야 하고 문언의 의미를 피고인에게 불리한 방향으로 지나치게 확장해석

하는 것은 **죄형법정주의 원칙에 어긋**난다.

[2] 「게임산업진흥에 관한 법률」(이하 '게임산업법')에 따르면, '**게임물**'이란 컴퓨터프로그램 등 정보처리 기술이나 기계장치를 이용하여 오락을 할 수 있게 하거나 이에 부수하여 **여가선용, 학습 및 운동효과** 등을 높일 수 있도록 **제작된 영상물 또는 그 영상물의 이용을 주된 목적으로 제작된 기기 및 장치**를 말하고(제2조 제1호 본문), 등급을 받지 아니한 게임물을 유통 또는 이용에 제공하거나 이를 위하여 **진열·보관하는 행위를 하여서는 아니** 되며(제32조 제1항 제1호), 이러한 금지의무를 위반하면 5년 이하의 징역 또는 5,000만 원 이하의 벌금에 처해진다(제44조 제1항 제2호).

[3] 위 법조에서 '보관하는 행위'란 등급을 받지 아니한 게임물을 유통 또는 이용에 제공할 수 있도록 간직하고 관리하는 등으로 사실상 지배하는 행위를 말하므로, 특별한 사정이 없는 이상 **자기가 지배하지 않는 서버 등에 저장된 게임물을 인터넷을 통해 접근하여 이용할 수 있는 상태에 두고 이러한 상태를 유지**하는 것만으로는 그 게임물을 '보관하는 행위'로 평가할 수 없다.

[4] 피고인이 손님들의 이용에 제공하기 위하여 등급 미분류 게임물을 이용할 수 있는 인터넷 사이트(이하 '이 사건 사이트')에 회원으로 가입한 뒤 일반적인 PC에 이 사건 사이트의 바로가기 아이콘을 설치하고, 이를 클릭하면 연결되는 위 사이트의 로그인 창에 미리 저장된 피고인의 회원 아이디와 비밀번호가 입력되도록 함으로써 손님이 이를 이용해 로그인한 후 위 게임물을 이용할 수 있는 게임장을 마련함으로써, 등급 미분류 게임물을 이용에 제공하기 위하여 보관하였다는 게임산업법 위반으로 기소된 사안이다.

[5] 대법원은 위와 같은 법리를 설시하면서, **이 사건 컴퓨터 자체는 게임산업법 제2조 제1호 본문이 규정한 '게임물'에 해당한다고 보기 어렵**고, 피고인의 위와 같은 일련의 행위는 **자기의 지배 밖에 있는 서버에 저장된 위 게임물을 인터넷을 통해 접근하여 이용할 수 있는 상태에 두고 유지한 것에 불과하여, 위 게임물을 '보관하는 행위'로 평가할 수 없다**(2022도7294).

③ **외국어번역행정사 자격시험이 실시되고 있지 않은 아랍어의 번역 업무를 업으로 한 행위가 행정사법 제3조 제1항을 위반한 것인지 여부가 문제된 사건**

[1] 외국어번역행정사 제도를 마련하여 일정한 자격요건을 갖춘 자에 한하여 행정기관의 업무에 관련된 서류의 번역을 하게 한 행정사법의 규정은, 해당 분야 행정사를 육성하여 서류 번역의 전문성을 높이고 국민의 편익 향상과 행정제도의 발전에 이바지하기 위한 것이므로(행정사법 제1조 참조), **이러한 자격요건을 갖추지 못한 채 행정사법에서 정한 '행정기관의 업무에 관련된 서류의 번역 업무'를 하는 것은 특별한 사정이 없는 한 행정사법에서 금지하는 행위로서 행정사법 제36조 제1항 제1호에 따른 형사처벌의 대상이 된다고 보아야 한다. 그러나 행정사법의 번역 업무와 관련하여 애초부터 특정 외국어의 번역에 관한 자격제도가 실제로 실시·운영되고 있다고 볼 수 없다면, 그러한 외국어의 번역 행위는 관련 법령에 의하여 보호되는 외국어번역행정사 자격제도의 바깥에서 이루어지는 것으로서 행정사 아닌 사람의 행정사 업무행위라고 보아 처벌할 수 없다.**

[2] 행정사법 제3조 제1항의 '행정사'란 행정안전부장관이 실시하는 행정사 자격시험에 합격한 자를 말하는데, 그중 '외국어번역행정사'의 경우 아랍어에 관한 외국어번역행정사 자격시험이 실시된 적이 없으므로, 적어도 아랍어 분야의 외국어번역행정사 자격제도가 운영되고 있다고 단정할 수 없다. 따라서 행정사가 아닌 사람에 대하여 '행정기관의 업무에 관련된 서류의 번역 업무'를 금지하는 규정의 '행정사'에 아랍어 분야의 외국어번역행정사가 포함된다고 보기 어렵다.

[3] 현행 법제 하에서 아랍어 분야의 외국어번역행정사 자격을 취득할 수 있는 가능성이 원천적으로 봉쇄되어 있는 것은 아니지만, 현재까지 아랍어 분야에서 외국어번역행정사 자격시험을 시행하지 않고 있는 상태가 계속되고 있는 이상, 무자격 행위의 형사처벌에 관한 행정사법 관련 규정을 피고인들에게 불리하게 해석하여서는 안 된다.

[4] 피고인들이, 이집트 국적의 외국인들이 난민인정신청을 할 때 아랍어로 작성된 난민인정신청서 등 관련 서류를 한국어 및 영어로 번역하여 주고 그 대가를 수령하는 등 행정사가 아닌데도 행정기관에 제출하는 서류의 번역을 업으로 하였다는 행정사법 위반으로 기소된 사안에서, 대법원은 아랍어는 외국어번역행정사 자격시험이 실시되지 않고 있어 아랍어를 번역하는 외국어번역행정사가 존재하지 않으므로, 행정사법의 '번역'에는 '아랍어 번역'이 포함되지 않는다고 해석하여야 한다고 보아, 공소사실을 무죄로 판단한 원심을 수긍하여 상고를 기각하였다(2023도13673).

④ 진로변경을 금지하는 안전표지인 백색실선이 교통사고처리 특례법 제3조 제2항 단서 제1호에서 정하고 있는 '통행금지를 내용으로 하는 안전표지'에 해당하여 이를 침범하여 교통사고를 일으킨 운전자에 대하여 위 조항 본문의 반의사불벌죄 규정 및 제4조 제1항의 종합보험 가입특례 규정의 적용이 배제되는지 여부(소극)

진로변경을 금지하는 안전표지인 백색실선은 교통사고처리 특례법(이하 '교통사고처리법') 제3조 제2항 단서 제1호(이하 '단서 제1호')에서 정하고 있는 '통행금지를 내용으로 하는 안전표지'에 해당하지 않으므로, 이를 침범하여 교통사고를 일으킨 운전자에 대하여는 교통사고처리법 제3조 제2항 본문의 반의사불벌죄 규정 및 제4조 제1항의 종합보험 가입특례 규정(이하 위 각 규정을 합하여 '처벌특례')이 적용된다고 보아야 한다. 구체적인 이유는 다음과 같다.

① 단서 제1호는 '안전표지' 위반의 경우 '통행금지 또는 일시정지'를 내용으로 하는 안전표지를 위반하는 경우로 그 적용 범위를 한정하고 있다. 그런데 도로교통법 시행규칙 제8조 제2항 [별표 6] Ⅱ. 개별기준 제5호 중 일련번호 506(진로변경제한선 표시) 에 따르면 백색실선은 교차로 또는 횡단보도 등 차의 진로변경을 금지하는 도로구간에 설치하여 통행하고 있는 차의 진로변경을 제한하는 것을 표시하는 안전표지이다.

② 도로교통법 제6조 제1항은 '도로에서의 위험을 방지하고 교통의 안전과 원활한소통을 확보하기 위하여 필요하다고 인정한 때'에는 '구간을 정하여 통행을 금지하거나 제한'할 수 있도록 규정하는 한편, 통행금지 또는 제한을 위반한 행위를 같은 법 제156조 제2호에 따라 처벌하고 있다. 반면 도로교

통법 제14조 제5항 본문은 '안전표지가 설치되어 특별히 진로변경이 금지된 곳에서는 차마의 진로를 변경하여서는 아니 된다.'고 규정하는 한편, **진로변경금지나 제한을 위반한 행위를** 같은 법 **제156조 제1호**에 따라 **처벌**하고 있다. 도로교통법 제156조가 제1호와 제2호의 위반 행위에 대하여 동일한 형을 정하고 있기는 하나, 도로교통법은 통행금지와 진로변경금지를 구분하여 규율하면서 처벌 체계를 달리하고 있으므로, **통행금지와 진로변경금지에 관하여 서로 다른 금지규범을 규정한 것으로 보아야** 한다. 따라서 진로변경금지 위반을 통행금지 위반으로 보아 단서 제1호에 해당한다고 보는 것은 문언의 객관적인 의미를 벗어나 피고인에게 불리한 해석을 하는 것이다.
③ 단서 제1호가 규율하는 것은 크게 신호위반, 통행금지를 내용으로 하는 안전표지지시위반, 일시정지를 내용으로 하는 안전표지 지시위반의 세 가지이다. 진로변경제한 선과 같이 해당 표지에 위반하여 진로를 변경하는 것 자체는 금지되어 있으나, 진로를 변경한 이후 해당 방향으로의 계속 진행이 가능한 경우 그 위반행위를 '통행방법제한'을 위반한 것으로 볼 수는 있어도, 법문언에서 말하는 '**통행금지위반**'으로 볼 수는 없다(2024. 6. 20. 선고 2022도12175 전합).

---

⑤ 종양전문간호사의 골수검사에 필요한 골수 검체 채취가 무면허 의료행위에 해당하는지 여부가 문제된 사건

[1] 의료법은 의료인을 의사·간호사 등 종별로 엄격히 구분하고 각각의 면허가 일정한 한계를 가짐을 전제로 하여 면허된 것 이외의 의료행위를 금지·처벌하는 것을 기본적 체계로 하면서도, 의료인 상호 간에 각각의 업무 영역이 어떤 것이고 그 면허의 범위 안에 포섭되는 의료행위가 구체적으로 어디까지인지에 관하여는 아무런 규정을 두고 있지 않다.
[2] 의료인 중 **간호사의 업무**는 의료법에서 '환자의 간호요구에 대한 관찰, 자료수집, 간호판단 및 요양을 위한 간호', '의사 등의 지도하에 시행하는 진료의 보조' 등으로 규정하고 있다. 간호사가 할 수 있는 '진료의 보조' 행위의 범위에 '고도의 지식과 기술을 요하여 반드시 의사만이 할 수 있는 의료행위'가 포함되지는 않는다. 그러나 그러한 의료행위 자체가 아니라면 의사는 의료행위의 과정에서 수반되는 '진료의 보조' 행위를 간호사에게 지시하거나 위임할 수 있다.
[3] 또한 **간호사가 '진료의 보조'를 할 때 모든 행위 하나하나마다 항상 의사가 현장에 입회하여 일일이 지도·감독하여야 한다고 할 수는 없고**, 경우에 따라서는 의사가 진료의 보조행위 현장에 입회할 필요 없이 일반적인 지도·감독을 하는 것으로 충분할 수도 있다. 여기에 해당하는 보조행위인지 여부는 보조행위의 유형에 따라 **일률적으로 결정할 수는 없고 구체적인 경우에 따라 그 행위의 객관적인 특성상 위험이 따르거나 부작용 혹은 후유증**이 있을 수 있는지, 당시의 환자 상태가 어떠한지, 간호사의 자질과 숙련도는 어느 정도인지 등의 **여러 사정을 참작하여 개별적으로 결정하여야** 한다.
[4] 종합병원을 운영하는 법인인 피고인의 사용인인 의사들이 소속 간호사들로 하여금 골수 검사를 하게 함으로써, 피고인의 업무에 관하여 무면허 의료행위를 하였다는 의료법 위반으로 기소된 사안에

서, **원심은**, 의사의 현장 입회 여부를 불문하고 간호사가 검사 목적의 골수 검사를 직접 수행한다면 **진료보조가 아닌 진료행위 자체로서 무면허 의료행위에 해당**한다고 판단하였다.
[5] 대법원은 골수 검사는 의사만이 할 수 있는 진료행위 자체에 해당한다고 볼 수는 없고, 환자의 개별적인 상태 등에 비추어 위험성이 높다는 등의 특별한 사정이 없는 한 의사가 현장에 입회할 필요 없이 일반적인 지도·감독 아래 골수 검사에 자질과 숙련도를 갖춘 **간호사로 하여금 진료의 보조행위로서 시행하게 할 수 있는 의료행위**라고 보아, 이와 달리 판단한 원심을 파기·환송하였다(2023도10286).

⑥ 가처분사건의 당사자가 법원으로부터 타인의 개인정보가 포함되어 있는 소송서류를 송달받은 경우 '개인정보처리자로부터 개인정보를 제공받은 자'에 해당하는지 여부가 문제된 사건

[1] '개인정보보호법' 제19조는 개인정보처리자로부터 개인정보를 제공받은 자는 정보주체로부터 별도의 동의를 받거나 다른 법률에 특별한 규정이 있는 경우를 제외하고는 개인정보를 제공받은 목적 외의 용도로 이용하거나 이를 제3자에게 제공하여서는 아니 된다고 규정하고, 제71조 제2호는 **제19조를 위반하여 개인정보를 이용하거나 제3자에게 제공한 자를 처벌하도록 규정**하고 있으므로, 개인정보보호법 제71조 제2호, 제19조 위반죄는 피고인이 '개인정보처리자'로부터 개인정보를 제공받은 경우 성립할 수 있다.
[2] '개인정보처리자'란 업무를 목적으로 개인정보파일을 운용하기 위하여 스스로 또는 다른 사람을 통하여 개인정보를 처리하는 **공공기관, 법인, 단체 및 개인 등을 말하고**(개인정보보호법 제2조 제5호), '개인정보파일'이란 개인정보를 쉽게 검색할 수 있도록 일정한 규칙에 따라 체계적으로 배열하거나 구성한 개인정보의 집합물을 말한다(같은 법 제2조 제4호). 개인정보보호법은 **'공공기관'을 국회, 법원, 헌법재판소, 중앙선거관리위원회의 행정사무를 처리하는 기관**, 중앙행정기관(대통령 소속 기관과 국무총리 소속 기관을 포함한다) 및 그 소속 기관, 지방자치단체, 그 밖의 국가기관 및 공공단체 중 대통령령으로 정하는 기관으로 정의하고 있다(제2조 제6호). 한편 **사법부 고유 업무인 재판사무와 법원의 행정사무**, 즉 법원의 인사·예산·회계·시설·통계·송무·등기·가족관계등록·공탁·집행관·법무사·법령조사 및 사법제도연구에 관한 사무(법원조직법 제19조 제2항 참조) 등은 업무 목적과 내용 등에서 **구별된다**.
[3] 이러한 관련 법령의 문언, 규정 체계 및 **'행정사무를 처리하는 기관'으로서의 법원과 '재판사무를 처리하는 기관'으로서의 법원의 구별 등을 종합**하여 보면, 개개의 사건에 대하여 재판사무를 담당하는 **법원(수소법원)은 '개인정보처리자'에서 제외**된다고 보는 것이 타당하다. 재판사무의 주체로서 법원이 민사·형사·행정 등의 여러 재판에서 개별 사건을 단위로 당사자의 주장과 증거제출 등을 통해 심리를 진행한 다음 공권적 판단을 내림으로써 쟁송을 해결하거나 국가형벌권을 실현하기 위한 **재판 과정에서 증거나 서면의 일부 등으로 개인정보를 처리**하더라도, 다수의 개인정보 그 자체를 쉽게 검색할 수 있도록 일정한 규칙에 따라 체계적으로 배열하거나 구성한 집합물, 즉 개인정보파일을 운용하기 위하여 개인정보를 처리하는 것이라고 볼 수 없다. 따라서 재판사무를 담당하는 법원(수소법원)이 그 재판권에 기하여 법에서 정해진 방식에 따라 행하는 공권적 통지행위로서 여러 소송서류 등을 송달하는 경우에는

'개인정보처리자'로서 개인정보를 제공한 것으로 볼 수 없다.
[4] 가처분사건의 채무자인 피고인이 법원으로부터 채권자들이 제출한 준비서면과 개인정보가 포함된 소명자료를 송달받고 소명자료에 첨부되어 있는 A의 운전면허증 사본을 휴대전화로 촬영하여 제3자에게 휴대전화로 전송함으로써, 개인정보처리자로부터 개인정보를 제공받은 자가 정보주체로부터 동의를 받지 않고 이를 제3자에게 제공하였다는 「개인정보 보호법」위반으로 기소된 경우, 대법원은 위와 같은 법리를 설시하면서, 가처분 사건을 담당하는 법원이 해당 사건의 재판권에 기하여 법에서 정해진 방식에 따라 행하는 공권적 통지행위로써 당사자인 피고인에게 소송서류를 송달한 것이므로 개인정보처리자로서 개인정보를 제공하였다고 볼 수 없다(무죄)(2021도12868)..

'구 도시정비법' 제124조 제1항에 따르면, 조합임원 등은 구 도시정비법에 규정된 서류 및 관련 자료의 작성 또는 그 작성된 서류 및 관련 자료의 변경 후 15일 이내에 이를 공개하게 되어 있다. 위 조항에 따른 공개가 이루어지려면 조합원이나 토지 등 소유자 또는 세입자가 알 수 있는 형태로 해당 서류 등이 작성되어 존재하여야 하는데, 이와 같이 작성되지 않은 서류 등에 대하여 공개의무가 있다고 해석한다면 이는 명문의 근거 없이 조합임원 등에게 해당 서류 등에 대한 작성의무까지도 부담시키는 결과가 된다. 위 조항이 '작성'과 '공개'를 구별하고 있음에도 존재하지 않는 서류 등에 대한 공개의무를 인정하는 것은 '공개'의 의미를 피고인에게 불리한 방향으로 지나치게 확장해석하거나 유추해석하는 것에 해당하여 허용될 수 없다. 결국 구 도시정비법에 규정된 서류나 관련 자료가 작성되어 존재한 바가 없다면 조합임원 등에 대한 구 도시정비법 제124조 제1항 위반죄는 성립할 여지가 없다(2024. 9. 13. 선고 2023도16588).

---

⑦ 분양권에 대한 매매를 알선하는 과정의 일환으로 이 사건 분양계약서 등을 건네받아 분양권 매수자에게 전달한 것이 구 공인중개사법 제33조 제5호에서 정한 '관계법령에서 양도·알선 등이 금지된 부동산의 분양·임대 등과 관련 있는 증서 등의 매매를 중개하는 행위'에 해당하는지 여부(소극)

[1] 형벌법규, 특히 어떤 행정목적을 달성하기 위하여 규제하고 그 행정목적의 실현을 담보하기 위하여 그 위반을 처벌하는 행정형벌법규의 경우에는 법문의 엄격한 해석이 요구되므로, 부동산의 투기억제를 위한 규제의 필요성만으로 구 공인중개사법 제33조 제5호의 '증서 등'에 증서와 존재형태가 전혀 다른 분양권을 포함시키는 해석은 용인할 수 없고, 따라서 아파트 분양권에 대한 매매를 알선하는 행위는 같은 법조 제5호에서 정한 '관계 법령에서 양도·알선 등이 금지된 부동산의 분양·임대 등과 관련 있는 증서 등의 매매를 중개하는 행위'에 해당한다고 볼 수 없다.
[2] 구 공인중개사법 제3조 제2호에 규정된 '건축물'에는 기존의 건축물뿐만 아니라 장차 건축될 특정의 건축물도 포함되므로, 아파트의 특정 동·호수에 대하여 피분양자가 선정되거나 분양계약이 체결된

후에는 그 특정 아파트가 완성되기 전이라 하여도 이에 대한 매매 등 거래를 중개하는 것은 '건축물'의 중개에 해당한다. 따라서 이를 같은 법 제33조 제5호에 의하여 개업공인중개사등이 하여서는 안 되는 '관계 법령에서 양도·알선 등이 금지된 부동산의 분양·임대 등과 관련 있는 증서 등의 매매 등을 중개하는 행위'를 한 것으로 보아서는 안 된다.

[3] 피고인들이 공모하여 전매가 금지된 아파트 분양권의 전매를 알선함으로써 관계 법령에서 알선 등이 금지된 부동산의 분양 등과 관련 있는 증서의 매매를 중개하였다는 공인중개사법 위반 등으로 기소된 경우, 피고인들이 이 사건 분양계약서 등을 분양권 명의자로부터 건네받아 분양권 매수자에게 전달한 것은 결국 아파트 분양권에 대한 매매를 알선하는 과정의 일환으로 볼 여지가 많은데, 구 공인중개사법 제33조 제5호의 '증서 등'에 증서와 존재형태가 전혀 다른 분양권을 포함시키는 해석은 할 수 없을 뿐만 아니라, 이 사건과 같이 장차 건축될 건축물로서 동호수가 특정된 아파트 분양권의 매매를 알선하는 행위는 구 공인중개사법의 중개대상물인 '건축물'을 중개한 것으로 볼 것이지 구 공인중개사법 제33조 제5호의 '관계 법령에서 양도·알선 등이 금지된 부동산의 분양·임대 등과 관련 있는 증서 등의 매매'를 중개한 것으로 보아서는 안 된다고 보아, 피고인들에 대하여 공인중개사법위반죄는 성립하지 않는다(2021도17722).

⑧ 자신이 지배하지 않는 서버 등에 저장된 아동·청소년이용음란물에 접근하여 다운로드받을 수 있는 인터넷 주소(URL) 등을 제공받은 것에 그친 경우

[1] '구 청소년성보호법' 제11조 제5항은 "아동·청소년이용음란물임을 알면서 이를 소지한 자는 1년 이하의 징역 또는 2천만 원 이하의 벌금에 처한다."라고 규정하고 있다. 여기서 '소지'란 아동·청소년이용음란물을 자기가 지배할 수 있는 상태에 두고 지배관계를 지속시키는 행위를 말하고, 인터넷 주소(URL)는 인터넷에서 링크하고자 하는 웹페이지나 웹사이트 등의 서버에 저장된 개개의 영상물 등의 웹 위치 정보 또는 경로를 나타낸 것에 불과하다. 따라서 아동·청소년이용음란물 파일을 구입하여 시청할 수 있는 상태 또는 접근할 수 있는 상태만으로 곧바로 이를 소지로 보는 것은 소지에 대한 문언 해석의 한계를 넘어서는 것이어서 허용될 수 없으므로, 피고인이 자신이 지배하지 않는 서버 등에 저장된 아동·청소년이용음란물에 접근하여 다운로드받을 수 있는 인터넷 주소 등을 제공받은 것에 그친다면 특별한 사정이 없는 한 아동·청소년이용음란물을 '소지'한 것으로 평가하기는 어렵다.

[2] 피고인은 음란물사이트의 운영자 공소외 1에게 3만 원을 지급하고 이 사건 음란물이 저장되어 있는 인터넷 클라우드 스토리지의 주소인 이 사건 링크를 텔레그램 메신저 어플을 통해 전송받았다. 피고인이 전송받은 이 사건 링크에 접속하여 이 사건 음란물을 자신의 저장매체에 다운로드하였다고 볼 증거는 없다. 따라서 달리 특별한 사정이 없는 이 사건에서 피고인의 이러한 행위를 가리켜 아동·청소년이용음란물을 '소지'한 것으로 평가할 수는 없다(2024. 2. 8. 선고 2023도9305).

⑨ 구 아동·청소년의 성보호에 관한 법률 제11조 제2항이 처벌대상으로 정하고 있는 '소지'의 의미 / 위 조항에서 정한 소지죄가 성립하기 위해서는 영리 목적뿐만 아니라 '판매·대여·배포·제공 행위의 목적'이 있어야 하는지 여부(적극)

'구 청소년성보호법' 제11조 제2항은 '영리를 목적으로 아동·청소년이용음란물을 판매·대여·배포·제공(이하 '배포 등')하거나 이를 목적으로 소지·운반하거나 공연히 전시 또는 상영한 자는 10년 이하의 징역에 처한다.'고 규정하여, 영리를 목적으로 아동·청소년이용음란물을 배포하는 등의 행위를 하거나 '이를 목적으로' 소지하는 행위를 금지하고 있다. 위 조항이 포함된 구 청소년성보호법 제11조가 정한 각 조항의 문언과 형식, 입법 취지 및 보호법익, 입법 연혁, 관련 규정의 체계적 해석 등을 종합하면, 구 청소년성보호법 제11조 제2항은 아동·청소년이용 음란물의 공급을 규제하는 측면에서 배포 등 유통행위를 처벌하는 규정으로서 위 조항이 처벌대상으로 정하고 있는 '소지'도 배포 등 유통행위를 목적으로 하는 소지로 보아야 한다. 따라서 위 조항이 정한 '이를 목적으로'란 '영리를 목적으로 배포 등 행위를 하기 위하여'를 의미한다고 할 것이므로, 위 조항의 소지죄가 성립하기 위해서는 영리목적뿐만 아니라 '배포 등 행위의 목적'이 있어야 한다(2024. 5. 30. 선고 2021도6801).

⑩ 의료인의 자격이 없는 일반인인 피고인이 갑 의료법인의 운영권을 인수하고 자신의 친인척 등을 갑 의료법인의 이사장 및 이사로 선임한 후 갑 의료법인 명의로 개설된 을 요양병원을 운영함으로써 개설자격을 위반하여 을 병원을 실질적으로 개설·운영하였다고 하여 의료법 위반으로 기소된 경우

[1] 의료법인 명의로 개설된 의료기관을 실질적으로 비의료인이 개설·운영하였다고 판단하려면, 비의료인이 의료법인 명의 의료기관의 개설·운영에 주도적으로 관여하였다는 점을 기본으로 하여, 비의료인이 외형상 형태만을 갖추고 있는 의료법인을 탈법적인 수단으로 악용하여 적법한 의료기관 개설·운영으로 가장하였다는 사정이 인정되어야 한다. 이러한 사정은 비의료인이 실질적으로 재산출연이 이루어지지 않아 실체가 인정되지 아니하는 의료법인을 의료기관 개설·운영을 위한 수단으로 악용한 경우, 의료법인의 재산을 부당하게 유출하여 의료법인의 공공성, 비영리성을 일탈한 경우에 해당되면 인정될 수 있다.

[2] 한편 의료법인 설립과정에 하자가 있었다는 사정이나 비의료인이 의료법인의 재산을 일시적으로 유출하였다는 정황만을 근거로 곧바로 비의료인이 의료기관 개설자격을 위반하여 의료기관을 개설·운영하였다고 평가할 수는 없고, 의료법인 설립과정의 하자가 의료법인 설립허가에 영향을 미치거나 의료기관 개설·운영이 실질적으로 불가능할 정도에 이르는 것인지 여부나 의료법인의 재산이 유출된 정도, 기간, 경위 및 이사회 결의 등 정당한 절차나 적정한 회계처리 절차가 있었는지 여부 등을 종합적으로 고려하여 의료법인의 규범적 본질이 부정될 정도에 이르러 의료기관 개설·운영을 위한 탈법적인 수단으로 악용되었다고 평가될 수 있는지를 판단하여야 한다.

[3] 의료인의 자격이 없는 **일반인인 피고인이 갑 의료법인의 운영권을 인수하고 자신의 친인척 등을 갑 의료법인의 이사장 및 이사로 선임한 후 갑 의료법인 명의로 개설된 을 요양병원을 운영함**으로써 개설자격을 위반하여 을 병원을 실질적으로 개설·운영하였다고 하여 의료법 위반으로 기소된 사안에서, **피고인이 을 병원의 운영에 관한 사항을 주도적 입장에서 처리하였다는 사정만으로 갑 의료법인을 탈법적인 수단으로 악용하여 적법한 의료기관 개설·운영으로 가장하였다고 단정할 수 없다**는 등의 이유로, 이와 달리 보아 공소사실을 유죄로 본 원심판단에 법리오해 등의 위법이 있다(2023. 10. 12. 선고 2023도1875).

⑪ 죄형법정주의에 따른 형벌법규의 해석 원칙

[1] 형벌법규의 해석은 엄격하여야 하고, 문언의 가능한 의미를 벗어나 피고인에게 불리한 방향으로 해석하는 것은 죄형법정주의의 내용인 확장해석금지에 따라 허용되지 않는다. 따라서 **형벌조항 중 범죄의 구성요건에 해당하는 문언의 의미를 합리적 이유 없이 고려하지 않고 해석함으로써 형벌의 적용범위가 확장되는 것을 경계해야** 한다.

[2] 위와 같은 규정들에 비추어 보면, **폐기물의 운반은 원칙적으로 폐기물 수집·운반업허가를 받은 자만 할 수 있으나, 예외적으로 폐기물 중간재활용업 허가를 받은 자가 '폐기물처리업의 시설·장비·기술능력의 기준'에서 정한 사항을 충족하는 수집·운반차량을 보유**한 경우 그 수집·운반차량의 이용한도 내에서 자신의 처리대상 폐기물을 스스로 운반하는 것이 허용된다고 볼 수 있다. 따라서 **폐기물 중간재활용업 허가를 받은 자가 수집·운반차량을 보유**한 경우에는 그 수집·운반차량의 이용한도 내에서 자신의 처리대상 폐기물을 스스로 운반할 수 있지만, 폐기물관리법령에 폐기물의 수집·운반에 관한 위탁을 금지하는 규정이 없는 이상 그 폐기물을 스스로 운반하지 않고 영업대상 폐기물에 관한 폐기물 수집·운반업 허가를 받은 자에게 그 폐기물 전부 또는 일부에 관한 업무를 위탁하여 처리할 수도 있다고 봄이 타당하다(2024. 8. 23. 선고 2023도1924).

[2] 형법의 시간적 적용범위

① 구 전기통신금융사기 피해 방지 및 피해금 환급에 관한 특별법이 개정됨에 따라, 범죄를 구성하지 아니하게 되어 그에 관한 형이 폐지된 것인지 여부(소극)

[1] 위와 같은 **개정 법률**(구 전기통신금융사기 피해 방지 및 피해금 환급에 관한 특별법) 문언의 의미와 개정 취지, **구법과 신법의 벌칙조항**(제15조의2 제1, 2항) 규정 방식의 차이(구법은 전기통신금융사기의 수단이 되는 구체적 행위 태양인 제1, 2호 행위를 범죄구성요건으로, 신법은 전기통신금융사기 행위 자체를 범죄구성요건으로 규정하는 방식), **전기통신을 이용하여 타인을 기망·공갈함으로써 자금을 송금·이체하거나 하도록 하는 행위 유형의 전기통신금융사기**[구법과 신법의 각 제2조제2호 (가)목, (나)목]를 행하기 위한 구체적 수단 중에 '컴퓨터 등 정보처리장치에 정보 또는 명령을 입력하거나 하게 하는 것(제1, 2호 행위)'이 당연히 포함되는 점 등을 종합적으로 고려해 보면, **구법 제15조의2 제1, 2항이 형사처벌 대상으로 정한 제1, 2호 행위나 그 미수 범행은 신법 제15조의2 제1, 2항이 형사처벌 대상으로 정한 전기통신금융사기 행위나 그 미수 범행에 충분히 포함**된다.

[2] 구 전기통신금융사기 피해 방지 및 피해금 환급에 관한 특별법이 개정됨에 따라, 같은 법 제15조의2 제1항 제1, 2호에서 **형사처벌 대상으로 규정**한 '전기통신금융사기를 목적으로, 타인으로 하여금 컴퓨터 등 정보처리장치에 정보 또는 명령을 입력하게 하는 행위, 취득한 타인의 정보를 이용하여 컴퓨터 등 정보처리장치에 정보 또는 명령을 입력하는 행위'가 범죄를 구성하지 아니하게 되어 그에 관한 형이 폐지된 것으로 볼 수 없다.

[3] 따라서 **구법 제15조의2 제1항이 신법 제15조의2 제1항으로 개정됨**에 따라 구법에서 정한 제1, 2호 행위가 범죄를 구성하지 아니하게 된다고 보아 제1, 2호 행위에 관한 형이 폐지되었다고 할 수 없다. 다만 제1, 2호 행위에 관한 형이 구법보다 무거워진 경우에 해당하므로 **신법 시행 전의 행위는 형법 제1조 제1항에 따라 행위 시의 법률인 구법에 따라 범죄가 성립하고 형사처벌할** 수 있다(2024. 9. 27. 선고 2024도7516).

[3] 형법의 장소적 적용범위
[4] 형법의 종류와 성립·처벌·소추조건
[5] 행위와 주체와 객체(양벌규정)

---

① 구 의료법 제91조 양벌규정에 따라 사용자인 법인 또는 개인을 처벌하는 취지 및 이때 사용자인 법인 또는 개인이 상당한 주의 또는 감독 의무를 게을리하였는지 판단하는 기준

[1] 구 의료법 제22조 제3항은 "의료인은 진료기록부 등을 거짓으로 작성하거나 고의로 사실과 다르게 추가기재·수정하여서는 아니 된다."라고 규정하고 있고, 같은 법 제88조 제1호는 '제22조 제3항을 위반한 자를 3년 이하의 징역이나 3천만 원 이하의 벌금에 처한다.'고 규정하고 있다.

[2] 또한 같은 법 제91조는 "법인의 대표자나 법인 또는 개인의 대리인, 사용인, 그 밖의 종업원이 그 법인 또는 개인의 업무에 관하여 제87조, 제88조, 제88조의2, 제89조 또는 제90조의 **위반행위**를 하면 그 행위자를 벌하는 외에 그 법인 또는 개인에게도 해당 조문의 **벌금형**을 과한다. 다만 법인 또는 개인이 그 위반행위를 방지하기 위하여 해당 업무에 관하여 상당한 주의와 감독을 게을리하지 아니한 경우에는 그러하지 아니하다."라고 규정하고 있다. 이러한 **양벌규정**에 따라 사용자인 법인 또는 개인을 처벌하는 것은 형벌의 자기책임 원칙에 비추어 위반행위가 발생한 그 업무와 관련하여 **사용자인 법인 또는 개인**이 상당한 주의 또는 감독 의무를 게을리한 과실이 있기 때문이다. 이때 사용자인 법인 또는 개인이 상당한 주의 또는 감독 의무를 게을리하였는지는 해당 위반행위와 관련된 모든 사정, 즉 법률의 입법 취지, 처벌조항 위반으로 예상되는 법익 침해의 정도, 그 위반행위에 관하여 양벌조항을 마련한 취지 등은 물론 위반행위의 구체적인 모습과 그로 인하여 실제 야기된 피해 또는 결과의 정도, 법인 또는 개인의 영업 규모, 행위자에 대한 감독가능성 또는 구체적인 지휘감독 관계, 법인 또는 개인이 위반행위 방지를 위하여 실제 행한 조치 등을 **전체적으로 종합하여 판단해야** 한다(2023. 12. 14. 선고 2023도8341).

---

② 법인의 사용인이 영업비밀을 부정사용하려다가 미수에 그친 경우 법인을 부정경쟁방지법상 양벌규정으로 처벌할 수 있는지 여부

[1] **부정경쟁방지법** 제19조는 '법인의 대표자나 법인 또는 개인의 대리인, 사용인, 그 밖의 종업원(이하 '사용인 등')이 그 법인 또는 개인의 업무에 관하여 제18조 제1항부터 제4항까지의 어느 하나에 해당하는 위반행위를 하면 그 행위자를 벌하는 외에 그 법인 또는 개인에게도 해당 조문의 벌금형을 과한다.'고 규정한다. 이에 따르면 위 양벌규정은 사용인 등이 영업비밀의 취득 및 부정사용에 해당하는 제18조 제1항부터 제4항까지의 위반행위를 한 경우에 **적용**될 뿐이고, 사용인 등이 영업비밀의 부정사용에 대한 미수범을 처벌하는 제18조의2에 해당하는 위반행위를 한 경우에는 위 양벌규정이 적용될 수 없다.
[2] 피고인 법인의 **사용인이 피해자의 영업비밀을 부정사용하려다가 미수에 그친 경우**, 부정경쟁방지법 제19조의 양벌규정을 적용하여 피고인 법인을 처벌할 수 없다(2023도3509).

[6] 구성요건론(고의, 인과관계, 착오)

① 피고인이 차량 안에서 운전연수를 받던 甲의 운전이 미숙하다는 이유로 甲의 오른쪽 허벅지를 주먹으로 세게 때린 경우

[1] 강제추행죄에서의 추행은 객관적으로 일반인에게 성적 수치심이나 혐오감을 일으키게 하고 선량한 성적 도덕관념에 반하는 행위로서 피해자의 성적 자기결정권을 침해하는 것을 의미한다. 어떠한 행위가 추행에 해당하는지는 피해자의 의사, 성별, 연령, 행위자와 피해자의 이전부터의 관계, 행위에 이르게 된 경위, 구체적 행위태양, 주위의 객관적 상황과 그 시대의 성적 도덕관념 등을 종합적으로 고려하여 신중하게 결정되어야 한다.

[2] 강제추행죄는 특별한 사정이 없는 한 행위마다 1개의 범죄가 성립하고, 강제추행죄가 성립되기 위해서는 문제가 되는 행위마다 폭행 또는 협박 외에 추행 행위 및 그에 대한 범의가 인정되어야 한다. 형사재판에서 유죄의 인정은 법관으로 하여금 합리적인 의심을 할 여지가 없을 정도로 공소사실이 진정하다는 확신을 가지게 할 수 있는 증명력을 가진 증거에 의하여야 하므로, 추행의 범의에 대한 증명이 부족하다면 설령 피고인에게 유죄의 의심이 간다고 하더라도 강제추행죄의 유죄로 판단할 수는 없다.

[3] 피고인이 차량 안에서 운전 연수를 받던 甲의 운전이 미숙하다는 이유로 甲의 오른쪽 허벅지를 1회 밀쳐 강제로 추행하였다는 내용으로 기소된 사안에서, 운전 연수를 받으며 처음 알게 된 피고인과 甲의 관계, 甲이 피고인에게서 운전 연수를 받던 과정에서 있었던 일들도 추행행위 해당 여부와 피고인의 추행의 고의 유무를 판단할 때 고려의 대상이 되는데, 甲은 수사기관 및 법정에서 피고인이 주먹으로 甲의 오른쪽 허벅지를 1회 소리가 날 정도로 세게 때렸다고 하면서, 그 이유에 관하여 운전 연수 중 甲이 피고인의 지시대로 운전을 하지 못했을 때 피고인이 화가 나서 때린 것이라고 진술한 점, 피고인이 그 무렵 운전 연수를 받던 甲이나 제3자에 대해 보인 동일한 행위태양을 고려하면, 피고인이 주먹으로 甲의 허벅지 부위를 밀친 행위에 대해 피고인의 폭행 가능성 내지 폭행의 고의를 배제한 채 곧바로 추행의 고의를 추단하기는 어려운 점, 甲이 제1심법정에서 '피고인이 甲의 허벅지를 때린 것이 때린 느낌이었는지 甲의 신체에 손을 대고 싶었던 느낌이었는지'를 묻는 판사의 질문에 '그것까지는 제가 알지 못한다.'고 한 답변에 비추어, 위 범행이 추행행위에 해당한다는 것 및 당시 피고인에게 추행의 고의가 있었음이 합리적인 의심을 할 여지가 없을 정도로 확신을 갖게 할 만큼 증명되었다고 단정하기 어려운 점을 종합하면, 공소사실을 유죄로 인정한 원심판단에 잘못이 있다(2024. 8. 1. 선고 2024도3061).

② 의사 등이 사망진단서를 작성할 당시 기재한 사망 원인이나 사망의 종류가 허위인지 또는 의사 등이 그러한 점을 인식하고 있었는지 판단하는 방법

[1] 형법 제233조의 허위진단서작성죄가 성립하기 위하여서는 진단서의 내용이 객관적으로 진실에 반할 뿐 아니라 작성자가 진단서 작성 당시 그 내용이 허위라는 점을 인식하고 있어야 하고, 주관적으로 진찰을 소홀히 한다든가 착오를 일으켜 오진한 결과로 진실에 반한 진단서를 작성하였다면 허위진단서

작성에 대한 인식이 있다고 할 수 없으므로 허위진단서작성죄가 성립하지 않는다.

[2] 고의의 일종인 미필적 고의는 중대한 과실과는 달리 범죄사실의 발생 가능성에 대한 인식이 있고 나아가 범죄사실이 발생할 위험을 용인하는 내심의 의사가 있어야 한다. 행위자가 범죄사실이 발생할 가능성을 용인하고 있었는지는 행위자의 진술에 의존하지 않고 외부에 나타난 행위의 형태와 행위의 상황 등 구체적인 사정을 기초로 일반인이라면 해당 범죄사실이 발생할 가능성을 어떻게 평가할 것인지를 고려하면서 행위자의 입장에서 그 심리상태를 추인하여야 한다.

[3] 의사 등이 사망진단서를 작성할 당시 기재한 사망 원인이나 사망의 종류가 허위인지 또는 의사 등이 그러한 점을 인식하고 있었는지는 임상의학 분야에서 실천되고 있는 의료 수준 및 사망진단서 작성현황에 비추어 사망진단서 작성 당시까지 작성자가 진찰한 환자의 구체적인 증상 및 상태 변화, 시술, 수술 등 진료 경과 등을 **종합하여 판단하여야** 한다. 특히 부검을 통하지 않고 사망의 의학적 원인을 정확하게 파악하는 데에는 한계가 있으므로, **부검 결과로써 확인된 최종적 사인이 이보다 앞선 시점에 작성된 사망진단서에 기재된 사망 원인과 일치하지 않는다는 사정만으로 사망진단서의 기재가 객관적으로 진실에 반한다거나, 작성자가 그러한 사정을 인식하고 있었다고 함부로 단정하여서는 안** 된다(2024. 4. 4. 선고 2021도15080).

③ 보이스피싱 범죄조직과 공모하여 현금수거책으로 가담하여 사기 등 범죄를 저지른 경우 행위자에 대한 고의의 판단기준

[1] 전화 등 전기통신수단을 이용한 금융사기 조직범죄(이하 '보이스피싱')에서 현금수거책의 공모사실이나 범의는 다른 공범과 순차적으로 또는 암묵적으로 상통함으로써 범죄에 공동가공하여 범죄를 실현하려는 의사가 결합되어 피해자의 현금을 수거한다는 사실을 인식하는 것으로 족하다. 이러한 인식은 미필적인 것으로도 충분하고 전체 보이스피싱 범행방법이나 내용까지 구체적으로 인식할 것을 요하지는 않는다.

[2] 보이스피싱 현금수거책인 피고인이 현금수거 사실을 인정하면서도 공모사실이나 사기죄의 고의를 부인하고, 공모사실이나 고의를 증명할 다른 보이스피싱 조직원 등 범행관련자들의 진술도 없는 경우, 그 공모사실이나 고의의 인정여부는 의사연락의 내용과 그 연락수단, 현금수거업무를 맡긴 사람을 직접 대면하였는지, 현금수거업무를 담당하게 된 경위와 과정이 통상적인 것이라고 볼 수 있는지 여부, 현금수거를 위해 피해자를 만났을 때 피해자에게 보인 행태와 언동, 피고인의 현금수거 횟수와 수거액의 규모, 수거한 현금을 다시 다른 사람의 금융계좌 등으로 전달, 교부, 송금할 때 사용한 방법, 특히 제3자의 성명, 주민등록번호 등 개인정보를 사용하였는지 여부, 보수의 정도 등과 같은 여러 사정을 종합적으로 고려하여 합리적으로 판단하는 방법에 의하여야 한다.

[3] 피고인이 **성명불상의 보이스피싱 조직원의 제의에 따라 현금수거책으로 범행에 가담**하여 피해자들로부터 현금을 건네받으면서 **금융기관, 금감원장 명의의 공사문서를 위조, 행사**하고, 위와 같이 받은

돈을 타인의 계좌에 타인의 이름으로 무통장입금함으로써 타인의 주민등록번호를 사용하거나 타인 실명으로 금융거래를 하였다는 사기 등으로 기소된 경우, 대법원은 위와 같은 법리를 설시하면서, ① 보이스피싱 조직의 운영현실을 고려할 때, 피고인이 반드시 보이스피싱 범행의 실체와 전모를 전체적으로 파악하고 있어야만 각각의 범죄의 공동정범이 되는 것은 아니고, 보이스피싱 범행의 수법 및 폐해는 오래전부터 언론 등을 통해 사회에 널리 알려져 있는 점, ② 피고인은 비정상적이거나 이례적인 절차로 거액의 현금수거업무를 맡게 되었다고 보이는 점, ③ 피고인의 현금수거 및 송금 또는 전달방식은 통상의 수금방식이 아니고, 이례적 절차로 채용한 피고인에게 거액의 현금수거업무를 맡기는 경우는 보이스피싱 등이 아니면 상정하기 어려운 점에 비추어 **피고인에게는 적어도 이 사건 사기죄 등에 대한 미필적 고의가 있다**(2024도10141).

---

④ 당선 목적 허위사실공표죄에서 미필적 고의 인정 여부가 문제된 사건

◇ 1. 허위사실공표죄에서 고의의 판단 기준 및 허위사실공표죄는 미필적 고의에 의하여도 성립하는지 여부(적극) 2. 범죄사실의 발생 가능성에 대한 인식 자체가 없다면 미필적 고의가 인정될 수 없는지 여부(적극) ◇

[1] 공직선거법에서 정한 허위사실공표죄에서는 행위자의 고의의 내용으로서 공표된 사실이 허위라는 점의 인식이 필요한데, 이러한 주관적 인식의 유무는 그 성질상 외부에서 이를 알거나 증명하기 어려운 이상 공표 사실의 내용과 구체성, 소명자료의 존재 및 내용, 피고인이 밝히는 사실의 출처 및 인지 경위 등을 토대로 피고인의 학력, 경력, 사회적 지위, 공표 경위, 시점 및 그로 말미암아 객관적으로 예상되는 파급효과 등 제반 사정을 모두 종합하여 규범적으로 이를 판단할 수밖에 없으며, **허위사실공표죄는 미필적 고의에 의하여도 성립**된다. 고의의 일종인 미필적 고의는 중대한 과실과는 달리 범죄사실의 **발생 가능성에 대한 인식**이 있고 나아가 범죄사실이 **발생할 위험을 용인하는 내심의 의사가 있어야** 하므로, 범죄사실의 **발생 가능성에 대한 인식 자체가 없다면 미필적 고의가 인정될 수 없다.**

[2] 피고인(천안시장 예비후보자)이 예비후보자 홍보물(이하 '이 사건 홍보물')과 책자형 선거공보물(이하 '이 사건 공보물')에 '천안시 고용률 63.8%(전국 2위)와 실업률 2.4%(전국 최저)'라는 문구(이하 '이 사건 문구')를 기재하면서 '대도시 기준'을 누락하고 '전국'이라는 기준만을 기재함으로써 피고인이 당선되게 할 목적으로 피고인의 행위에 대하여 허위사실을 공표하였다는 공직선거법 위반으로 기소된 경우, 만일 피고인이 대도시 기준이 누락되었다는 사실을 전혀 모르고 있었다면 범죄사실의 발생 가능성에 대한 인식 자체가 없으므로, 미필적 고의가 인정될 수 없다고 판단한 다음, **피고인이 대도시 기준이 누락된 사실을 전혀 파악하지 못하였다는 사실을 인정**하였으면서도, 이 사건 홍보물 및 공보물을 통하여 **공표하고자 하는 사실이 진실인지에 대하여 확인·조사할 의무를 소홀히 하였으므로, 미필적 고의가 인정**된다는 취지로 판단한 원심은 **허위사실공표죄를 사실상 과실범으로 취급**한 것과 다를 바

없어 **타당하지 않다**(2024도4824).

---

⑤ 횡령죄에서 불법영득의사의 의미 및 타인의 재물을 보관하는 자가 소유자의 이익을 위하여 처분한 경우 불법영득의사의 유무를 판단하는 방법

[1] **횡령죄에서의 불법영득의사**는 타인의 재물을 보관하는 자가 **그 위탁 취지에 반하여 권한 없이 스스로 소유권자의 처분행위(반환 거부 포함)를 하려는 의사**를 의미하므로, 보관자가 자기 또는 제3자의 이익을 위한 것이 아니라 그 소유자의 이익을 위하여 이를 처분한 경우에는 특별한 사정이 없는 한 위와 같은 **불법영득의 의사를 인정할 수 없다**. 다만 타인으로부터 **용도가 엄격히 제한된 자금을 위탁받아** 집행하면서 그 제한된 용도 이외의 목적으로 자금을 사용하는 것은 그것이 **결과적으로 자금을 위탁한 본인을 위하는 면이 있더라도** 그 사용행위 자체로서 불법영득의 의사를 실현하는 것이 되어 **횡령죄가 성립**하겠지만, 이러한 경우에 해당하지 아니할 때에는 피고인이 불법영득의사의 존재를 인정하기 어려운 사유를 들어 그 돈의 행방이나 사용처에 대한 설명을 하고 있고 이에 부합하는 자료도 있다면 달리 특별한 사정이 인정되지 아니하는 한 함부로 그 위탁받은 돈을 불법영득의사로 횡령하였다고 인정할 수는 없다.

[2] 건설 관련 컨설팅업을 영위하는 회사의 운영자인 피고인이 피해회사와 공동으로 진행하는 건물 신축사업을 위해 피해회사 명의 계좌를 관리하던 중 **계좌에 있던 돈을 피고인 측 계좌로 이체한 다음 피고인 측 회사 직원 급여 등으로 사용**함으로써 ① 주위적으로는 계좌 이체로 인한 업무상횡령으로, ② 예비적으로는 계좌 이체 후 임의 사용으로 인한 업무상횡령으로 기소된 사안임

☞ 원심은, 주위적 공소사실을 무죄로 판단하는 한편, 위 신축사업은 피해회사와 피고인 측 회사의 공동사업 형태로서 피해회사 명의 계좌에 있던 돈은 공동사업자금이고 공동사업자금의 성격을 갖는 돈을 공동사업과 관련 없는 용도에 사용한 이상 업무상횡령죄가 성립하며 피해회사가 공동사업과 관련 없는 자금 집행까지 허락하였다고 볼 수 없다는 등의 이유로, 예비적 공소사실을 유죄로 판단하였음

☞ 대법원은 위와 같은 법리를 설시하면서, ① **위 신축사업은 피고인 측 회사와 피해회사의 공동사업**이고 **피해회사 명의 계좌에 있던 돈은 공동사업자금**에 해당하는데, 피고인은 지주공동사업계약에서 정한 피고인 측 회사의 업무에 종사하면서 피해회사 명의 계좌를 관리하였고 **피해회사는 피고인에게 신축사업 자금 집행과 관련하여 포괄적인 위임**을 하였으며, 피고인이 피해회사에 **자금집행 내역을 보고할 의무는 없었던 점**, ② 피해회사는 위 공동사업자금이 공동 주체인 피고인 측 회사의 사무실 운영비, 직원 급여 등 경비 지출의 목적으로 사용될 것임을 예정하였다고 볼 여지가 있는 점, ③ 피해회사 명의 계좌로 입금한 돈은 **합리적인 범위 내에서는 신축사업과 직·간접적으로 관련**된 것으로서 **신축사업의 공동 주체인 피고인 측 회사의 사무실 운영비, 직원 급여 등으로 사용할 수 있었다고 봄이 타당한 점**, ④ 피고인 측 계좌로 이체된 돈 중 일부를 피고인 측 회사의 인건비 등으로 사용하였다는 피고인의 주

장을 가볍게 배척하기는 어려운 점 등에 비추어 보면, **피고인이 피해회사 명의 계좌에서 피고인 측 계좌로 이체하여 그 중 일부를 신축사업의 공동주체인 피고인 측 회사 직원 급여 등 용도로 사용**하였다고 하더라도 그것이 **신축사업과 직·간접적으로 관련**이 있는 것으로서 **공동사업자금에서 지출하도록 정하고 있는 용도의 범위 안에 있다면 피고인에게 불법영득의 의사가 인정된다고 단정하기 어렵다**(2024도6728).

⑥ 아동학대살해죄에서 피고인이 범행 당시 살해의 범의는 없고 아동학대의 고의만 있었다고 다투는 경우, 아동학대살해의 범의가 인정되는지 판단하는 기준

[1] 아동학대처벌법이 개정되면서, **아동학대범죄를 범한 사람이 아동을 살해한 경우에는** 그 행위의 비난 가능성 등을 고려하여 **일반 살인죄보다 중하게 처벌할 필요가 있다고 보고 아동학대살해죄가 신설**되었다. **아동학대처벌법 제4조 제1항은 보호자(친권자, 후견인, 아동을 보호·양육·교육하거나 그러한 의무가 있는 자 또는 업무·고용 등의 관계로 사실상 아동을 보호·감독하는 자)에 의한 아동학대로서 형법 제257조 제1항(상해), 제260조제1항(폭행), 제271조 제1항(유기), 제276조 제1항(체포, 감금)** 등 일정한 **아동학대범죄를 범한 사람이 아동을 살해**한 때에는 사형, 무기 또는 7년 이상의 징역에 처하도록 규정하고 있다.

[2] **아동학대살해죄에서 살해의 범의 인정 기준은 살인죄에서의 범의의 인정 기준과 같다고 보아야** 한다. 아동학대살해의 범의는 반드시 살해의 목적이나 계획적인 살해의 의도가 있어야 인정되는 것은 아니고, 자기의 행위로 인하여 **아동에게 사망이라는 결과가 발생할 가능성 또는 위험이 있음을 인식하거나 예견하면 족한 것이며,** 그 인식이나 예견은 확정적인 것은 물론 불확정적인 것이라도 이른바 **미필적 고의로서 살해의 범의가 인정**된다. 한편 피고인이 범행 당시 살해의 범의가 없다고 다투는 경우에는 피고인이 범행에 이르게 된 경위, 범행의 동기, 준비된 흉기의 유무·종류·용법, 공격 부위와 반복성, 사망의 결과 발생 가능성 정도, 범행 후 결과 회피 행동의 유무 등 **범행 전후의 객관적 사정을 종합하여 살해의 범의가 있었는지를 판단하여야** 한다.

[3] 그런데 **아동은 골격이나 근육, 장기 등이 발달과정에 있어 손상에 취약하고, 심리적·인지적으로도 미성숙**하여 자신의 건강상태 등을 제대로 인식하지 못하고 의사표현방식도 성인과 같지 아니하다. **아동의 보호자가 자신에게 의존하는 아동을 학대하는 경우, 아동은** 이러한 **의존성, 취약성** 등으로 인하여 스스로를 방어하거나 다른 사람에게 도움을 요청하는 등으로 이를 회피하기 어렵고, 그 학대 사실이 쉽게 드러나지 아니하여 **학대행위가 지속적·반복적으로 저질러지거나** 그로 인한 **피해가 누적·심화되어 치명적인 결과가 발생하는 경우도 많다**. 따라서 **아동학대살해죄에서 피고인이 범행 당시 살해의 범의는 없고 아동학대의 고의만 있었다고 다투는 경우**에는 이러한 아동과 아동학대범죄의 특성에 비추어 피고인과 피해아동의 관계, 피해아동의 나이·발달정도와 건강상태, 피고인 및 피해아동의 체격과 힘의 차이, 학대행위의 내용과 정도 및 반복성 등에 관한 **객관적인 사정을 면밀히 살펴보아야** 한다.

[4] 나아가 **학대행위가 지속적·반복적으로 가하여진 경우** 그로 인해 피해아동의 건강상태가 불량하게 변경되어 생활기능의 장애가 이미 심각한 수준에 이르렀는지, 피해아동의 나이·발달정도나 취약해진 건강상태를 고려할 때 중한 학대행위를 다시 가할 경우 피해아동이 사망에 이를 위험이 있다고 인식 또는 예견 가능한 상황이었는지, 피해아동의 사망 결과를 방지할 의무가 있는 보호자인 피고인이 그의 학대범죄로 생명침해의 위험에 이른 피해아동에 대하여 적절한 치료나 실효적인 구호조치를 취하였는지 혹은 **피해아동이 사망에 이를 때까지 중한 학대행위를 계속하고 방관하거나 유기하였는지** 등 **범행 전후의 사정을 종합**하여 피고인에게 아동학대살해의 범의가 인정되는지를 판단하여야 한다.

[5] (사실관계)·(1) 이와 같이 피고인 1은 피해아동의 건강상태 등이 이미 심각한 수준에 이르렀음을 알고서도 2023. 2. 4. **피해아동이 물건을 훔쳤다는 이유로 알루미늄으로 된 선반받침용 봉으로 피해아동의 팔, 다리, 옆구리 등 전신을 수십 회 때리고**, 곧이어 **약 16시간 정도 피해아동을 수건과 커튼 끈으로 책상 의자에 묶어 제대로 움직이지 못하게 하고 얼굴에 바지를 덮어 두기도** 하였다. 피고인 1은 또 다시 2023. 2. 6. 09:25경부터 13:00경 사이에 피해아동의 방에서 썩은 음식물 등을 발견하자 알루미늄으로 된 선반받침용 봉과 플라스틱 옷걸이로 피해아동의 팔, 다리, 옆구리 등 전신을 수십 회 때렸고, 재차 결박하였다. (2) 피고인 1은 2023. 2. 6. 18:10경 **피해아동과 함께 쓰레기를 버리러 집 밖으로 나왔을 때 피해아동이 제대로 걷지 못하며 바닥에 쓰러지는 것을 보았고, 2023. 2. 7. 심야에 피해아동이 통증으로 아파하며 잠을 제대로 자지 못하는 모습을 보면서도 그대로 방치**하였다. (3) 피해아동은 결국 2023. 2. 7. 13:10~13:12경 사망하였다. 피고인 1은 피해아동의 활력이 없는 것을 발견하고서도 곧바로 심폐소생술을 하거나 직접 119에 신고하는 등 **실효적인 구호조치를 취하지 않았고**, 피고인 2에게 여러 차례 전화하여 **귀가할 것을 재촉하고 집안에 설치된 홈캠을 휴지통에 버리는 등 기존의 학대행위 정황이 담긴 증거를 삭제하려고 시도**하였다. (4) 피해아동의 부검의 공소외 4의 법정진술이나 피해아동에 대한 부검감정서 기재에 의하면, **피해아동은 지속반복된 중한 학대에 의한 심한 저체중 상태에서 구타 등으로 여러 둔력 손상을 입었고, 이로 인하여 피해아동의 전신에 걸쳐 멍이 발생하며 심한 내부 실혈**이 일어나 **저혈량성 쇼크로 사망**에 이른 것으로 추정된다.

[6] 위와 같은 여러 사정들에 비추어 보면, **피해아동은 2023. 2. 4. 이전에 이미 건강상태가 불량하게 변경되어 면역력, 회복력 등 생활기능의 장애가 심각한 수준**에 이르렀으므로 피고인 1은 불확정적이나마 이러한 위험 내지 가능성을 인식하거나 예견하면서도 이를 무시한 채 2023. 2. 4.부터 2023. 2. 7. 피해아동이 사망할 때까지 심한 구타와 결박을 반복하는 등 **중한 학대행위를 계속하여 감행**하고, 신속히 **치료와 구호를 받아야 할 상황에 있던 피해아동을 아무런 조치 없이 방치**한 것으로 보인다. 결국 피고인 1에게는 아동학대살해죄에서 살해의 확정적 고의까지는 아니더라도 적어도 미필적 고의는 있었다고 볼 여지가 크다(2024. 7. 11. 선고 2024도2940).

[7] 부작위범
[8] 과실범

① 내과 외래에서 염증수치(CRP) 검사결과를 확인하지 아니하고 환자를 귀가조치한 의사의 업무상과실이 인정되는지

[1] 의료과오사건에서 의사의 과실을 인정하려면 결과 발생을 예견할 수 있고 또 회피할 수 있었는데도 예견하거나 회피하지 못한 점을 인정할 수 있어야 한다. 의사의 과실이 있는지 여부는 같은 업무 또는 분야에 종사하는 평균적인 의사가 보통 갖추어야 할 통상의 주의의무를 기준으로 판단하여야 하고, 사고 당시의 일반적인 의학 수준, 의료환경과 조건, 의료행위의 특수성 등을 고려하여야 한다. 의사에게 진단상 과실이 있는지 여부를 판단할 때는 의사가 비록 완전무결하게 임상진단을 할 수는 없을지라도 적어도 임상의학 분야에서 실천되고 있는 진단 수준의 범위에서 전문직업인으로서 요구되는 의료상의 윤리, 의학지식과 경험에 기초하여 신중히 환자를 진찰하고 정확히 진단함으로써 위험한 결과 발생을 예견하고 이를 회피하는 데에 필요한 최선의 주의의무를 다하였는지를 따져 보아야 한다.

[2] 내과전문의인 피고인이 병원에 고열 등의 증상으로 내원한 환자인 피해자에 대하여 일반혈액검사 및 일반화학검사, 간초음파검사 등을 실시하고, 일반혈액검사 결과 백혈구 수치가 정상치보다 높았음에도 염증수치인 C-반응성단백질(CRP) 수치를 확인하지 않은 채 대증적 처치만 하고 피해자를 귀가시켰고 급성 감염증을 의심하여 피해자를 즉시 입원시키는 등 적절한 조치를 취하지 않아, 피해자로 하여금 패혈증쇼크 상태로 인한 다장기부전으로 사망에 이르게 하였다는 업무상과실치사로 기소된 경우, 피고인이 피해자를 급성 장염으로 진단하고 그 증상을 완화하기 위해 시행한 대증적 조치나 C-반응성단백질 수치 결과가 확인된 이후 피해자에 대한 입원조치를 하지 않은 것에 의료상 과실이 있다고 보기 어렵고, 피해자에게 패혈증, 패혈증 쇼크 등의 증상이 발현되어 하루 만에 사망에 이를 정도로 급격하게 악화될 것을 예견할 수 있었다고 보기도 어렵다(2023도13950).

[9] 결과적 가중범
[10] 위법성론(정당방위, 긴급피난, 자구행위, 승낙, 정당행위)

① 빌라 아래층에 살던 피고인이 불상의 도구로 여러 차례 벽 또는 천장을 두드려 '쿵쿵' 소리를 내어 이를 위층에 살던 피해자의 의사에 반하여 피해자에게 도달하게 하였다는 공소사실로 스토킹범죄의 처벌 등에 관한 법률 위반죄로 기소된 경우

[1] 스토킹행위를 전제로 하는 스토킹범죄는 행위자의 어떠한 행위를 매개로 이를 인식한 상대방에게 불안감 또는 공포심을 일으킴으로써 그의 자유로운 의사결정의 자유 및 생활형성의 자유와 평온이 침해되는 것을 막고 이를 보호법익으로 하는 위험범이라고 볼 수 있으므로, '구 스토킹처벌법' 제2조 제1호 각 목의 행위가 객관적·일반적으로 볼 때 이를 인식한 상대방에게 불안감 또는 공포심을 일으키기에 충분한 정도라고 평가될 수 있다면 현실적으로 상대방이 불안감 내지 공포심을 갖게 되었는지와 관계없이 '스토킹행위'에 해당하고, 나아가 그와 같은 일련의 스토킹행위가 지속되거나 반복되면 '스토킹범죄'가 성립한다. 이때 구 스토킹처벌법 제2조 제1호 각 목의 행위가 객관적·일반적으로 볼 때 상대방에게 불안감 또는 공포심을 일으키기에 충분한 정도인지는 행위자와 상대방의 관계·지위·성향, 행위에 이르게 된 경위, 행위 태양, 행위자와 상대방의 언동, 주변의 상황 등 행위 전후의 여러 사정을 종합하여 객관적으로 판단하여야 한다.

[2] 빌라 아래층에 살던 피고인이 불상의 도구로 여러 차례 벽 또는 천장을 두드려 '쿵쿵' 소리를 내어 이를 위층에 살던 피해자의 의사에 반하여 피해자에게 도달하게 하였다는 공소사실로 스토킹범죄의 처벌 등에 관한 법률 위반죄로 기소된 사안에서, 이웃 간 소음 등으로 인한 분쟁과정에서 위와 같은 행위가 발생하였다고 하여 곧바로 정당한 이유 없이 객관적·일반적으로 불안감 또는 공포심을 일으키는 '스토킹행위'에 해당한다고 단정할 수는 없으나, 피고인이 층간소음 기타 주변의 생활소음에 불만을 표시하며 수개월에 걸쳐 이웃들이 잠드는 시각인 늦은 밤부터 새벽 사이에 반복하여 도구로 벽을 치거나 음향기기를 트는 등으로 피해자를 비롯한 주변 이웃들에게 큰 소리가 전달되게 하였고, 피고인의 반복되는 행위로 다수의 이웃들은 수개월 내에 이사를 갈 수밖에 없었으며, 피고인은 이웃의 112 신고에 의하여 출동한 경찰관으로부터 주거지 문을 열어 줄 것을 요청받고도 대화 및 출입을 거부하였을 뿐만 아니라 주변이웃들의 대화 시도를 거부하고 오히려 대화를 시도한 이웃을 스토킹혐의로 고소하는 등 이웃 간의 분쟁을 합리적으로 해결하려 하기보다 이웃을 괴롭힐 의도로 위 행위를 한 것으로 보이는 점 등 피고인과 피해자의 관계, 구체적 행위 태양 및 경위, 피고인의 언동, 행위 전후의 여러 사정들에 비추어 보면, 피고인의 위 행위는 층간소음의 원인 확인이나 해결방안 모색 등을 위한 사회통념상 합리적 범위 내의 정당한 이유 있는 행위라고 볼 수 없고, 객관적·일반적으로 상대방에게 불안감 내지 공포심을 일으키기에 충분하며, 나아가 위와 같은 일련의 행위가 지속되거나 반복되었으므로 '스토킹범죄'를 구성한다고 본 원심판단을 정당하다(2023. 12. 14. 선고 2023도10313).

---

② '동물권'을 주장해 온 피고인들이 동물권보호단체 회원들과 공모하여, 甲회사가 농장으로부터 생닭을 공급받아 도계하는 영업을 계속한다는 이유로 자신들의 손을 콘크리트가 들어있는 가방으로 결박한 채 드러누워 몸으로 생닭을 실은 트럭들을 가로막아 차량 진행을 방해한 경우

[1] 형법 제20조의 '사회상규에 위배되지 아니하는 행위'는 우리 형법의 독특한 규정으로, 구성요건에 해당하는 행위가 형식적으로 위법하더라도 사회가 내리는 공적 평가에 의하여 용인될 수 있다면 그 행

위를 실질적으로 위법한 것으로는 평가할 수 없다는 취지에서 도입된 일반적 위법성조각사유이다.

[2] 어떠한 행위가 정당행위에 해당하는지는 구체적인 사정 아래서 합목적적, 합리적으로 고찰하여 개별적으로 판단되어야 한다. '목적의 정당성'과 '수단의 상당성' 요건은 행위의 측면에서 사회상규의 판단기준이 된다. 사회상규에 위배되지 아니하는 행위로 평가되려면 행위의 동기와 목적을 고려하여 그것이 법질서의 정신이나 사회윤리에 비추어 용인될 수 있어야 한다. 수단의 상당성·적합성도 고려되어야 한다. 또한 보호이익과 침해이익 사이의 법익균형은 결과의 측면에서 사회상규에 위배되는지를 판단하기 위한 기준이다. 이에 비하여 행위의 긴급성과 보충성은 수단의 상당성을 판단할 때 고려요소의 하나로 참작하여야 하고 이를 넘어 독립적인 요건으로 요구할 것은 아니다. 또한 그 내용 역시 다른 실효성 있는 적법한 수단이 없는 경우를 의미하고 '일체의 법률적인 적법한 수단이 존재하지 않을 것'을 의미하는 것은 아니라고 보아야 할 것이나, 정당행위로 인정되기 위하여 요구되는 긴급성이나 보충성의 정도는 개별 사안에 따라 다를 수 있다.

[3] 이른바 '동물권'을 주장해 온 피고인들이 동물권보호단체 회원들과 공모하여, 甲주식회사의 공장 정문 앞 도로에서 甲 회사가 농장으로부터 생닭을 공급받아 도계하는 영업을 계속한다는 이유로 피고인들은 자신들의 손을 콘크리트가 들어있는 가방으로 결박한 채 드러누워 몸으로 생닭을 실은 트럭들을 가로막는 등 차량 진행을 방해하고, 위 단체 회원들은 '닭을 죽이면 안 된다.'는 플래카드를 걸고 같은 내용의 구호를 외치며 노래를 부르는 등 위력으로써 甲 회사의 생닭 운송 및 도계 업무를 방해하였다는 내용으로 기소된 사안에서, 피고인들의 행위는 업무방해죄의 구성요건에 해당하고, 나아가 동물의 생명과 안전을 보호하고, 기업형(공장식) 축산 시스템에 반대하는 의사를 표명한다는 취지에서 이루어져 그 동기나 목적의 정당성이 인정될 여지가 있지만, 기업형(공장식) 축산 시스템에 따른 영업 형태가 우리나라 현행법하에서 위법하다거나 반사회성을 띠는 것으로서 형법상 보호가치가 없다고 볼 수 없는 점, 피고인들은 단순히 甲 회사의 영업장 인근에서 **구호를 외치는 등의 의사 표현만을 한 것이 아니라, 피고인들을 포함한 4명이 함께 약 4시간 이상 지속하여 甲 회사 출입구를 몸으로 막음으로써 생닭을 수송하는 트럭 5대가 회사로 들어가지 못하도록** 하여 甲 회사의 생닭 운송 및 도계 업무 집행 자체를 방해한 점, 甲 회사의 영업 형태가 피고인들의 신념에 반한다는 것만으로 甲 회사가 이러한 정도의 업무방해 피해를 그대로 수인하여야 한다고 보기 어려운 점에서 **수단과 방법의 상당성, 법익 균형성 등이 인정되지 아니하여 정당행위에 해당하지 않는**다(2024. 8. 1. 선고 2021도2084).

---

③ 초등학교 담임교사인 피고인이 교실에서 피해아동이 율동시간에 율동을 하지 않는다는 이유로 "야 일어나."라며 소리를 지르고 피해아동의 팔을 위로 세게 잡아 일으킨 경우

[1] 아동복지법상 금지되는 신체적 학대행위란 '신체적 폭력이나 가혹행위로서 아동의 신체건강 또는 복지를 해치거나 정상적 신체발달을 저해할 정도 혹은 그러한 결과를 초래할 위험을 발생시킬 정도에 이르는 것'을 말하며, 반드시 아동에 대한 신체적 학대의 목적이나 의도가 있어야만 인정되는 것은 아니고

자기의 행위로 아동의 건강 및 발달을 저해하는 결과가 발생할 위험 또는 가능성이 있음을 미필적으로 인식하면 충분하다.

[2] 아동인 학생에 대하여 교사가 교육과정에서 행한 행동이 아동복지법상 금지되는 학대행위에 해당하는지 문제 되는 경우, 아동복지법과 교육관계 법령 사이에 조화로운 해석이 필요하다. 교육기본법 등 법령의 내용을 종합하면, **교사가 법령에서 정하는 바에 따라 아동인 학생을 교육**하는 행위는 학생이 인격을 도야하고 자주적 생활능력과 민주시민의 자질을 갖추게 하는 등으로 **학생의 복지에 기여하는 행위에 해당**하므로, 특별한 사정이 없는 한 이를 두고 아동복지법이 금지하는 '학대행위'로 평가할 수 없다. 따라서 교사가 아동인 학생을 교육하는 과정에서 학생에게 신체적 고통을 느끼게 하였더라도, 그 행위가 법령에 따른 교육의 범위 내에 있다면 아동복지법 제17조 제3호를 위반하였다고 할 수 없다.

[3] **교사가 교육상 필요에 따라 아동인 학생을 지도하는 행위에 대하여도 같은 법리가 적용**된다. 교사가 법령과 학칙으로 정하는 바에 따라 아동인 학생을 지도하는 행위는 **법령에 따른 교육행위에 해당**한다.

[4] 나아가, 법령과 학칙이 구체적 상황에 맞는 적절한 방법을 모든 경우에 걸쳐 망라하여 규정할 수 없고, 고정된 규정만으로 다양한 실제의 상황에 적절히 대응하는 데에는 한계가 있을 수밖에 없다. 교사는 지도행위에 관하여 일정한 재량을 가진다. 따라서 **교사의 아동인 학생에 대한 지도행위가 법령과 학칙의 취지에 따른 것으로서 객관적으로 타당하다고 인정**된다면 여전히 **법령에 따른 교육행위의 범위에 속하는 것**이고, 구 초·중등교육법 시행령 제31조 제8항에 따라 금지되는 체벌에 해당하지 않는 한 지도행위에 다소의 유형력이 수반되었다는 사정만으로 달리 볼 수 없다.

[5] **초등학교 담임교사인 피고인이 교실에서 피해아동이 율동시간에 율동을 하지 않는다는 이유로 "야 일어나."라며 소리를 지르고 피해아동의 팔을 위로 세게 잡아 일으키려 하여, 아동의 신체에 손상을 주거나 신체의 건강 및 발달에 해를 끼치는 신체적 학대행위를 하였다는 공소사실로 기소된 사안에서, 피고인의 행위는 피해아동에게 필수적인 교육활동 참여를 독려한다는 목적에 기초하여 이루어진 교사의 학생에 대한 지도행위에 해당하는 점**, 피해아동을 체벌하거나 신체적 고통을 가할 의도가 있었다고 보기 어려우며, 피고인이 행사한 유형력의 태양이나 정도 등에 비추어 피고인의 행위가 구 초·중등교육법 시행령에 따라 금지된다고 보기 어려운 점, 해당 초등학교 학칙이 제출되어 있지 아니하나, **피고인은 당시 상황에 비추어 구두 지시 등 신체적 접촉을 배제한 수단만으로는 이러한 목적 달성이 어렵다고 판단하여 교사로서 가지는 합리적인 재량의 범위 안에서 적절하다고 생각하는 지도방법**을 택한 것으로 보이므로, 교육 관계 법령의 취지에 비추어 피고인의 행위는 객관적으로 타당한 교육행위로 볼 여지가 많은 점을 종합하면, 공소사실을 **유죄로 인정한 원심판단에 잘못**이 있다(2024. 10. 8. 선고 2021도13926).

---

④ 교사의 훈육 또는 지도 목적으로 한 행위가 사회상규에 위배되지 아니하는 경우로서 위법성이 조각되는지 판단하는 기준

[1] 학교의 교사가 훈육 또는 지도의 목적으로 한 행위이더라도 정신적 폭력이나 가혹행위로서 아동인

학생의 정신건강 또는 복지를 해치거나 정신건강의 정상적 발달을 저해할 정도 혹은 그러한 결과를 초래할 위험을 발생시킬 정도에 이른다면, 초·중등교육법령과 학칙이 허용하는 범위 내에서 그 요건과 절차를 준수하는 등으로 **법령과 학칙의 취지를 따른 것이 아닌 이상**, 구 아동복지법에서 금지하는 '정서적 학대행위'에 해당한다고 보아야 한다.

[2] 한편 **교사의 위와 같은 행위도 사회상규에 위배되지 아니하는 경우에는** 위법성이 조각될 수 있으나, **이에 해당하는지를 판단함**에 있어서는 **교사의 학생에 대한 악의적·부정적 태도에서 비롯된 것이 아니라 교육상의 필요, 교육활동 보장, 학교 내 질서유지 등을 위한 행위였는지, 학생의 기본적 인권과 정신적·신체적 감수성을 존중·보호하는 범위 내에서 이루어졌는지,** 동일 또는 유사한 행위의 반복성이나 지속시간 등에 비추어 **교육의 필요성이 인정되는 합리적인 범위 내에서 이루어졌다고 평가되는지, 법령과 학칙의 취지를 준수하지 못할 긴급한 사정이 있었는지,** 그 밖에 학생의 연령, 성향, 건강상태, 정신적 발달상태 등이 종합적으로 고려되어야 한다(2024. 9. 12. 선고 2020도12920).

[11] 책임론(책임능력, 금지착오, 기대가능성)

① 「치료감호 등에 관한 법률」에서 정한 치료감호청구 요구 여부를 판단함에 있어 법관 재량의 한계 및 그 재량의 한계를 현저하게 벗어난 판단이 허용되는지 여부(소극)

[1] 〈치료감호청구 요구에 관한 법관 재량의 한계〉 치료감호법은 알코올을 섭취하는 습벽이 있거나 그에 중독된 자로서 금고 이상의 형에 해당하는 죄를 지은 자를 치료감호대상자라고 규정하고(제2조 제1항 제2호), **검사는 치료감호대상자가 치료감호를 받을 필요가 있는 경우 관할 법원에 치료감호를 청구**할 수 있으며(제4조 제1항), 그 경우 **정신건강의학과 등 전문의의 진단이나 감정(鑑定)을 참고하여야 하고**(제4조 제2항 본문), **공소제기한 사건의 경우 항소심 변론종결 시까지 치료감호를 청구**할 수 있다고(제4조 제5항) 규정하면서, **법원은 공소제기된 사건의 심리결과 치료감호를 할 필요가 있다고 인정할 때에는 검사에게 치료감호 청구를 요구할 수 있다고 규정한다**(제4조 제7항).

[2] 이는 **검사가 공소제기 당시 피고인의 치료감호 사유에 대한 의견을 달리**하거나 그 판단에 필요한 고려요소를 간과하고 **치료감호를 청구하지 않았으나 공소제기 후 재판과정에서 치료감호의 필요성이 충분히 드러나게 된 경우,** 법원으로 하여금 검사에게 치료감호청구를 요구할 수 있도록 함으로써 **검사가 치료감호청구 권한을 독점함에 따라 나타날 수 있는 폐해를 보완**하고 치료감호대상자의 재범 방지를 위한 실질적인 조치가 가능할 수 있도록 **직권주의적 요소를 가미**한 것이다.

[3] 대법원은, 치료감호법 제4조 제1항, 제7항의 규정 형식과 내용 등에 비추어 볼 때 **치료감호법 제**

4조 제7항이 법원에 대하여 치료감호청구 요구에 관한 의무를 부과하고 있는 것으로 볼 수 없다고 하면서도, **법원으로서는 심신장애의 정도가 불분명한 피고인에 대하여 정신감정을 하여야** 하고, 그러한 피고인에 대한 감정의견을 참작하여 객관적으로 판단한 결과 **정신질환이 계속되어 피고인을 치료감호에 처함이 상당하다고 인정**될 때에는 치료 후의 사회복귀와 사회안전을 도모하기 위하여 **별도로 보호처분이 실시될 수 있도록 검사에게 치료감호청구를 요구할 수 있다**고 강조한 바 있다.

[4] 이러한 치료감호법의 목적, 치료감호청구 요구에 관한 판례 법리 등을 종합하여 보면, **치료감호법이 법원에 대하여 치료감호청구 요구에 관한 의무를 부과하고 있는 것으로 볼 수 없어 치료감호청구 요구 여부가 법관의 재량**에 맡겨져 있다고 하더라도, **거기에는 치료감호대상자의 재범 방지와 사회복귀 촉진이라는 치료감호법의 목적에 따른 재량의 내재적 한계가 있으므로**, 공소제기된 사건의 **심리결과 피고인의 재범 가능성과 아울러 일정한 강제력을 수반하는 감호 상태에서 치료받아야 할 필요성에 관한 구체적인 사정이 명백하게 확인되었는데도 그러한 요구 권한을 행사하지 아니한 것이 매우 불합리**하다고 인정되는 경우라면 그러한 **권한의 불행사는 재량의 한계를 현저하게 벗어난 것으로 위법**하다(2024도9537).

---

② 공무집행방해죄에서 공무집행의 적법성에 관한 피고인의 잘못된 법적 평가로 인하여 자신의 행위가 금지되지 않는다고 오인한 경우

[1] **공무집행방해죄는 공무원의 적법한 공무집행이 전제되어야** 하고, 공무집행이 적법하기 위해서는 그 행위가 공무원의 추상적 직무 권한에 속할 뿐만 아니라 구체적으로 그 권한 내에 있어야 하며, 직무행위로서 중요한 방식을 갖추어야 한다. 추상적인 권한에 속하는 공무원의 어떠한 공무집행이 적법한지는 행위 당시의 구체적 상황에 기초를 두고 객관적·합리적으로 판단해야 하고, 사후적으로 순수한 객관적 기준에서 판단할 것은 아니다.

[2] **형법 제16조에서 자기가 행한 행위가 법령에 의하여 죄가 되지 아니한 것으로 오인한 행위는 그 오인에 정당한 이유가 있는 때에 한하여 벌하지 아니한다고 규정**하고 있으므로, 공무집행방해죄에서 공무집행의 적법성에 관한 피고인의 잘못된 법적 평가로 인하여 자신의 행위가 금지되지 않는다고 오인한 경우에는 그 오인에 정당한 이유가 있는지를 살펴보아야 한다. 이때 피고인의 오인에 정당한 이유가 있는지는 구체적인 행위 정황, 오인에 이르게 된 계기나 원인, 행위자 개인의 인식 능력, 행위자가 속한 사회집단에서 일반적으로 기대되는 오인 회피 노력의 정도와 회피 가능성 등을 고려할 때 피고인이 이러한 오인을 회피할 가능성이 있는지에 따라 판단하여야 한다.

[3] (공소사실) 피고인은 2022. 6. 25. 00:00경 서울 용산구 파출소 앞 도로에서, '손님이 마음대로 타서 안 내린다.'라는 취지의 방문신고를 받고 현장에 나온 경찰관으로부터 '승차거부와 관련하여서는 120번으로 민원을 접수하면 된다.'라는 설명을 듣고도 사건을 접수해 달라고 항의하고, 갑자기 "아이 씨 좀 다르잖아."라고 크게 소리치며 공소외 1 순경에게 몸을 들이밀어 **공소외 2 경위로부터 이를 제지받자 화가 나, "왜 미는데 씹할."이라고 욕설하면서 손으로 공소외 2 경위의 몸을 4회 밀쳤다**. 이로써 피고

인은 경찰공무원의 신고사건 처리에 관한 정당한 직무집행을 방해하였다.

[4] (인정사실 및 판단) 1) 경찰관들은 승차거부행위가 있었다고 볼만한 자료가 없는 사실을 확인한 후, 피고인에게 120 신고절차를 안내하였다. 경찰관들이 위 사건을 경찰 소관이 아니라 지방자치단체 소관이라고 판단하여 승차거부로 접수하지 않은 것은 합리적인 재량 판단에 따른 직무집행으로 볼 수 있다. 2) 피고인은 경찰관들의 위와 같은 안내에도 불구하고 술에 취하여 항의를 계속하다가, 갑자기 공소외 1(순경)에게 고성을 지르고 몸을 들이밀면서 다가갔다. 공소외 1은 차량이 통행중인 도로를 등지고 있었고, 남성인 피고인은 여성 경찰관인 공소외 1보다 더 큰 체격을 가지고 있었으며, 극도로 흥분한 피고인이 공소외 1을 실제로 도로 방향으로 미는 등 유형력을 행사할 경우 공소외 1이 크게 다칠 위험이 있었다. 이러한 상황에서 공소외 2(경위)가 피고인을 급하게 밀쳐내는 방법으로 피고인과 공소외 1을 분리한 조치는 경찰관 직무집행법 제6조에서 정하는 '범죄의 예방과 제지'에 관한 적법한 공무에 해당한다.

[4] 원심은, 피고인이 자신의 몸을 밀어낸 공소외 2의 행위를 위법하다고 오인하여 공소외 2를 밀친 것이므로 이는 위법성 조각사유의 전제사실에 대한 착오라고 판단하였다. 그러나 이 사건에서 위와 같은 행위로 나아가게 된 전제사실 자체에 관하여는 피고인의 인식에 어떠한 착오도 존재하지 않고, 다만 경찰관인 공소외 2의 직무집행의 적법성에 대한 피고인의 주관적인 법적 평가가 잘못되었을 여지가 있을 뿐이다. 그러므로 피고인에게 위법성 조각사유의 전제사실에 대한 착오가 있었다고 보기 어렵다.

[5] 앞서 살펴본 것처럼 공무집행이 적법한데도 위법하다고 오인한 경우에는 형법 제16조가 적용되므로 그 오인에 정당한 이유가 있는 때에 한하여 벌하지 아니한다. 그런데 피고인은 택시 승차거부와 관련한 경찰관들의 반복된 설명에도 불구하고 근거 없는 항의를 계속하다가, 위와 같은 경위로 공소외 2가 공소외 1을 보호하기 위하여 피고인의 행동을 제지하자 곧바로 공소외 2에게 욕설하면서 공소외 2의 몸을 여러 차례 밀었다. 이러한 피고인의 행위는 당시 피고인이 술에 취하였던 점이나 그 상태에서 근거 없는 항의를 계속하면서 스스로 흥분하게 된 점과도 무관하지 않아 보인다. 이처럼 피고인이 스스로 오인의 계기를 제공하지 않았거나 이러한 상황에서 일반적으로 기대되는 정도의 오인 회피 노력을 기울였다면 이 사건에 이르지 않았을 것으로 보인다(2024. 7. 25. 선고 2023도16951).

[12] 미수론(장애·중지·불능미수, 예비죄)

① 준강간죄의 불능미수와 법원의 직권심판의무

[1] 피고인이 피해자가 심신상실 또는 항거불능의 상태에 있다고 인식하고 그러한 상태를 이용하여 간음할 의사로 준강간의 실행에 착수하였으나, 피해자가 실제로는 심신상실 또는 항거불능의 상태에 있지

않은 경우에는 실행의 수단 또는 대상의 착오로 인하여 준강간죄에서 규정하고 있는 구성요건적 결과의 발생이 처음부터 불가능하였다고 볼 수 있다. 이때 피고인이 행위 당시에 인식한 사정을 놓고 일반인이 객관적으로 판단하여 보았을 때 준강간의 결과가 발생할 위험성이 있었다면 준강간죄의 불능미수가 성립한다.

[2] 법원은 공소사실의 동일성이 인정되는 범위 내에서 심리의 경과에 비추어 피고인의 방어권 행사에 실질적인 불이익을 초래할 염려가 없다고 인정되는 때에는, 공소장이 변경되지 않았더라도 직권으로 공소장에 기재된 공소사실과 다른 범죄사실을 인정할 수 있고, 이와 같은 경우 공소가 제기된 범죄사실과 대비하여 볼 때 실제로 인정되는 범죄사실의 사안이 가볍지 아니하여 공소장이 변경되지 않았다는 이유로 이를 처벌하지 않는다면 적정절차에 의한 신속한 실체적 진실의 발견이라는 형사소송의 목적에 비추어 현저히 정의와 형평에 반하는 것으로 인정되는 경우라면 법원으로서는 직권으로 그 범죄사실을 인정하여야 한다(2024. 4. 12. 선고 2021도9043).

[13] 정범 및 공범론(간접정범, 공동정범, 교사범, 종범)

① 주원료가 상이한 가습기살균제 제조·판매자들 사이에 과실범의 공동정범이 성립하는지 여부가 문제된 사건

[1] 형법 제30조 소정의 '2인 이상이 공동하여 죄를 범한 때'의 '죄'에는 고의범뿐만 아니라 과실범도 포함되는 것이므로 과실범의 경우에도 공동정범이 성립할 수 있으나, 의사의 연락이나 주의의무위반에 대한 공동의 인식이 없었다면 '공동하여' 죄를 범하였다고 볼 수 없으므로, 과실범의 공동정범이 성립한다고 볼 수 없다.

[2] (공소사실) CMIT/MIT 성분의 가습기살균제 제조, 판매 회사 등의 임직원들인 피고인들이 CMIT/MIT에 관한 안전성 검사를 실시하지 않는 등 업무상 주의의무를 위반하여, 위 피고인들의 업무상 주의의무위반이 중첩적·순차적으로 경합하거나, 또는 거기에 PHMG 등 성분의 가습기살균제 제조, 판매 회사 등의 임직원들(2017도12537 판결 등으로 업무상과실치사상죄 등에 관한 유죄판결이 확정. 이하 '관련사건 피고인들')의 PHMG 등에 관한 안전성 검사 미실시 등 업무상 주의의무위반까지 중첩적·순차적으로 경합하여, CMIT/MIT 성분의 가습기살균제만을 사용한 피해자들 4명(이하 '단독사용 피해자들'), CMIT/MIT 성분의 가습기살균제와 PHMG 등 성분의 가습기살균제를 함께 사용한 피해자들 94명(이하 '복합사용 피해자들') 합계 98명의 가습기살균제 소비자를 사망 또는 상해에 이르게 하였다는 업무상과실치사상으로 기소된 경우이다.

[3] 원심은, 복합사용 피해자들에 대한 업무상과실치사상 부분에 관하여, 대량 생산과 대량 소비를 특

징으로 하는 현대 산업사회에서는 경쟁관계에 있는 복수의 제조업자가 동일한 유형의 제품을 제조·판매하고 소비자가 시중에 유통되는 여러 종류의 제품들을 사용하는 것이 당연히 예정되어 있으므로, 가습기살균제 제품의 개발·제조·판매에 관여한 사람들 모두가 공동의 주의의무와 인식 아래 업무상과실로 결함 있는 가습기살균제를 각각 제조·판매하였다고 보아야 하고, 그렇게 보는 것이 형사정책적 목적에서도 타당하다는 이유 등을 들어, CMIT/MIT 성분 가습기 살균제의 제조·판매에 관여한 피고인들과 PHMG 등 성분 가습기 살균제의 제조·판매에 관여한 관련사건 피고인들이 공동정범의 관계에 있다고 판단하였다.

[4] 그러나 대법원은 ① 피고인들과 관련사건 피고인들은 서로간의 협력이나 의견교환 없이 각자가 소속된 회사 등에서 맡은 지위, 역할에 따라 그 회사 등의 가습기살균제 개발·출시 또는 제조·판매에 관여하였고, PHMG 등과 CMIT/MIT는 **주원료의 성분, 체내분해성, 대사물질 등이 전혀 다르며**, 어느 하나가 다른 하나를 활용하거나 응용하여 개발·출시되었다고 보기도 어려운 점, ② 자신의 제품의 결함 내지 하자와 상대방 제품의 독자적 결함 내지 하자가 누적·결합되어 소비자들에게 사망 또는 상해의 결과가 발생할 수 있다는 사정을 공동으로 인식할 수 있었다고 볼 여지는 없는 점, ③ 과실범의 공동정범을 인정하는 형사정책적 목적이나 취지, 소비자들이 주원료의 차이를 알고 구매하는 것이 어려웠다는 점 등 원심이 들고 있는 사정들은, 관련사건 피고인들 및 이 사건 피고인들의 인식 내지 의사와 아무런 관련이 없어 그들 사이에 공동의 인식 내지 의사의 연락이 있었음을 뒷받침할 수 있는 사정들이 아니고, 그러한 사정들만으로 과실범의 공동정범 성립을 인정한다면, 대량생산과 대량소비를 특징으로 할 뿐만 아니라 인터넷망 등을 통해서 국경을 초월한 상품의 구매·소비가 용이하게 이루어지는 **현대사회에서 상품 제조·판매자들 등에 대한 과실범의 공동정범 성립범위가 무한정 확장**될 수밖에 없는 점 등에 비추어 보면, 피고인들과 관련사건 피고인들 사이의 공동정범 성립을 인정하기 어렵다고 보아, **원심을 파기·환송하였다**(2024도1856).

---

② 유사기관 설립·설치 이후 관여한 행위를 유사기관 설립·설치로 인한 공직선거법위반죄의 공동정범으로 처벌할 수 있는지 여부(소극)

[1] **공직선거법**은 제61조에서 선거운동기구인 선거사무소와 선거연락소 및 선거대책기구에 관하여 그 설치 주체를 정당 또는 후보자 등으로 제한하고 설치 숫자 및 장소 등을 엄격히 규제하는 한편, 제89조 제1항 본문에서 **누구든지 위 규정에 따른 선거사무소, 선거연락소 및 선거대책기구 외에는 후보자 또는 후보자가 되려는 사람을 위하여 명칭 여하를 불문하고 유사기관을 새로이 설립 또는 설치하거나 이용할 수 없다고 하여 이를 금지**하고 있으며, 제255조 제1항 제13호에서 **그 위반행위자를 처벌**하도록 하고 있다.

[2] 이와 같이 공직선거법이 '유사기관 설립·설치'와 '유사기관 이용'을 구분하여 규정하고 있는 점, '설립' 내지 '설치'의 객관적 의미 등에 비추어 볼 때, **유사기관 설립·설치로 인한 공직선거법위반죄**는 공직선거법에서 **금지하는 유사기관을 설립·설치한 때에 성립함과 동시에 완성되는 즉시범**이므로, 설립·설

치 이후에 관여한 행위는 유사기관 설립·설치로 인한 공직선거법위반죄의 공동정범으로 처벌할 수 없다.
[3] 피고인들이 공모하여 부산광역시 교육감 선거에서 피고인 1의 당선을 목적으로 공직선거법이 금지하는 유사기관인 이 사건 포럼을 설치하였다는 유사기관 설립·설치로 인한 「지방교육자치에 관한 법률」 위반으로 기소된 경우, 공직선거법이 금지하는 유사기관 설치 범행은 즉시범이므로 교육감 선거운동을 목적으로 한 유사기관인 이 사건 포럼이 설치된 이후 그 활동에 참여한 피고인 2에 대하여는 유사기관 설치 범행의 공동정범이 성립할 수 없다(2024도7642).

③ 시세조종행위에 대한 공동정범 인정 여부

[1] 형법 제30조의 공동정범은 2인 이상이 공동하여 죄를 범하는 것으로서, 공동정범이 성립하기 위해서는 주관적 요건인 공동가공의 의사와 객관적 요건인 공동의사에 의한 기능적 행위 지배를 통한 범죄의 실행사실이 필요하다. 여기서 공동가공의 의사는 타인의 범행을 인식하면서도 이를 제지하지 아니하고 용인하는 것만으로는 부족하고, 공동의 의사로 특정한 범죄행위를 하기 위하여 일체가 되어 서로 다른 사람의 행위를 이용하여 자기의 의사를 실행에 옮기는 것을 내용으로 하여야 한다.
[2] 따라서 공동정범으로 인정하려면 범죄 실행의 전 과정을 통하여 각자의 지위와 역할, 공범에 대한 권유내용 등을 구체적으로 검토하고 이를 종합하여 위와 같은 상호이용의 관계가 합리적인 의심을 할 여지가 없을 정도로 증명되어야 하고, 그와 같은 증명이 없다면 설령 피고인에게 유죄의 의심이 간다 하더라도 피고인의 이익으로 판단할 수밖에 없다.
[3] 한국 도이치증권 주식회사 및 그 직원이 도이치은행 홍콩지점('이 사건 은행')의 시세조종행위에 가담하였다는 자본시장과금융투자업에관한법률위반으로 기소된 피고인이 이 사건 은행의 투기적 포지션 구축 및 코스피200 지수 조종 사실을 인식·용인하고 공동의 의사로 범행에 대한 본질적인 기여를 통한 기능적 행위 지배를 하였다는 점이 합리적인 의심의 여지가 없을 정도로 충분히 증명되었다고 보기 어렵다고 보아, 공소사실을 무죄로 판단한 원심판결을 수긍하였다(2018도20415).

[14] 죄수론

① 다수의 피해자에 대하여 각각 기망행위를 하여 각 피해자로부터 재물을 편취한 경우, 범의가 단일하고 범행방법이 동일하더라도 피해자별로 독립한 사기죄가 성립하는

지 여부(적극) 및 이때 피해자들의 피해법익이 동일하다고 볼 수 있는 사정이 있는 경우, 이들에 대한 사기죄를 포괄일죄로 볼 수 있는지 여부(적극)

[1] 다수의 피해자에 대하여 각각 기망행위를 하여 각 피해자로부터 재물을 편취한 경우에는 범의가 단일하고 범행방법이 동일하더라도 각 피해자의 피해법익은 독립한 것이므로 이를 포괄일죄로 파악할 수 없고 피해자별로 독립한 사기죄가 성립된다. 다만 피해자들의 피해법익이 동일하다고 볼 수 있는 사정이 있는 경우에는 이들에 대한 사기죄를 포괄하여 일죄로 볼 수 있다.

[2] 피고인이 부부인 피해자 甲과 乙에게 '토지를 매수하여 분필한 후 이를 분양해서 원금 및 수익금을 지급하겠다.'면서 기망한 후, 이에 속아 피고인에게 투자하기 위해 공동재산인 건물을 매도하여 돈을 마련한 피해자들로부터 피해자 甲 명의 예금계좌에서 1억 원, 피해자 乙 명의 예금계좌에서 4억 7,500만 원, 합계 5억 7,500만 원을 송금받아 이를 편취하였다는 이유로 특정경제범죄 가중처벌 등에 관한 법률 위반(사기)죄로 기소된 사안에서, 각 피해자 명의의 예금계좌에 예치된 금전에 관한 권리는 특별한 사정이 없는 한 각 피해자에게 별도로 귀속되므로 민사상 권리 귀속관계의 면에서는 각 피해자가 피고인의 기망행위로 별도의 재산상 법익을 침해당하였다고 볼 수도 있으나, 포괄일죄를 판단하는 기준 중 하나인 피해법익의 동일성은 민사상 권리 귀속관계 외에 해당 사건에 나타난 다른 사정도 함께 고려하여 판단해야 하는데, 피고인의 피해자들에 대한 기망행위의 공통성, 기망행위에 이르게 된 경위, 재산 교부에 관한 의사결정의 공통성, 재산의 형성·유지 과정, 재산 교부의 목적 및 방법, 기망행위 이후의 정황 등 모든 사정을 고려하여 보면, 피해자들에 대한 사기죄의 피해법익이 동일하다고 평가될 수 있어 이들에 대한 사기죄가 포괄일죄를 구성한다(2023. 12. 21. 선고 2023도13514).

② 업무상과실치사, 산업안전보건법 위반, 중대재해 처벌 등에 관한 법률 위반(산업재해치사)의 공소사실이 모두 유죄로 인정된 사안에서, 각죄는 상상적 경합 관계에 있다고 한 사례

[1] 상상적 경합은 1개의 행위가 수 개의 죄에 해당하는 경우를 말한다(형법 제40조). 여기에서 1개의 행위란 법적 평가를 떠나 사회관념상 행위가 사물자연의 상태로서 1개로 평가되는 것을 의미한다.

[2] 피고인 甲 주식회사의 대표이사로서 경영책임자이자 안전보건총괄책임자인 피고인 乙이, 산업재해 예방에 필요한 주의의무를 게을리하고 안전조치를 하지 아니하여 피고인 甲 회사와 도급계약을 체결한 관계수급인인 丙 사업체 소속 근로자 丁이 피고인 甲 회사의 야외작업장에서 중량물 취급 작업인 철제 방열판 보수 작업을 하던 중 크레인 섬유벨트가 끊어지고 방열판이 낙하하면서 丁을 덮쳐 사망에 이르게 함과 동시에, 재해예방을 위한 안전보건관리체계의 구축 및 그 이행에 관한 조치를 하지 아니하여 사업장의 종사자 丁이 사망하는 중대산업재해에 이르게 하였다는 내용의 업무상 과실치사, 산업안전보건법 위반, 중대재해 처벌 등에 관한 법률(이하 '중대재해처벌법'이라 한다) 위반(산업재해치사)의 공소사실이 제1심 및 원심에서 모두 유죄로 인정된 사안에서, ① 산업안전보건법과 중대재해처벌법의 목적

이 완전히 동일하지는 않지만 '산업재해 또는 중대재해를 예방'하고 '노무를 제공하는 사람 또는 종사자의 안전을 유지·증진하거나 생명과 신체를 보호'하는 것을 목적으로 함으로써 **궁극적으로 사람의 생명·신체의 보전을 보호법익으로 한다는 공통점이 있고, 이는 사람의 생명·신체의 보전을 보호법익으로 하는 형법상 업무상과실치사상죄도 마찬가지인 점**, ② 피고인 乙이 안전보건총괄책임자로서 중량물 취급 작업계획서 작성에 관한 조치를 하지 않은 **산업안전보건법 위반행위**와 경영책임자로서 안전보건관리체계의 구축 및 그 이행에 관한 조치를 하지 않은 **중대재해처벌법 위반행위는 모두 같은 일시·장소에서 같은 피해자의 사망이라는 결과 발생을 방지하지 못한 부작위에 의한 범행에 해당**하여 각 법적 평가를 떠나 **사회관념상 1개의 행위로 평가할 수 있으므로, 중대재해처벌법 위반 (산업재해치사)죄와 근로자 사망으로 인한 산업안전보건법 위반죄는 상상적 경합 관계에 있는 점**, ③ 근로자 사망으로 인한 **산업안전보건법 위반죄와 업무상과실치사죄는 업무상 주의의무가 일치하여 상상적 경합관계에 있고**, 피고인 乙에게 **중대재해처벌법 제4조에 따라 부과된 안전 확보의무는 산업안전보건법 제63조에 따라 부과된 안전 조치의무와 마찬가지로 업무상과실치사죄의 주의의무를 구성할 수 있으므로 중대재해처벌법 위반(산업재해치사)죄와 업무상과실치사죄 역시 행위의 동일성이 인정되어 상상적 경합 관계에 있는 점** 등에 비추어 보면, **중대재해처벌법 위반(산업재해치사)죄와 근로자 사망으로 인한 산업안전보건법 위반죄 및 업무상과실치사죄는** 상호 간 **사회관념상 1개의 행위가 수 개의 죄에 해당하는 경우로서 형법 제40조의 상상적 경합 관계에 있다**(2023. 12. 28. 선고 2023도12316).

---

③ 피고인이 전화를 걸어 피해자 휴대전화에 부재중 전화 문구, 수신차단기호 등이 표시되도록 한 경우, 실제 전화통화가 이루어졌는지와 상관없이 잠정조치를 위반한 것인지 여부(적극)

[1] 피고인이 피해자에게 전화를 걸면 '피고인이 피해자와 전화통화를 원한다.'는 내용이 담긴 정보의 전파가 송신되어 기지국, 교환기 등을 거쳐 **피해자의 휴대전화에 수신되고, 이때 피해자가 전화통화에 응하지 아니하면 피고인이 송신하였던 위와 같은 내용의 정보가 피해자의 휴대전화에 부재중 전화 문구, 수신차단기호 등으로 변형되어 표시될 수 있다. 이러한 부재중 전화 문구, 수신차단기호 등을 '피고인의 송신행위 없이 피해자에게 도달된 것' 내지 '피해자 휴대전화의 자체적인 기능에 의하여 생성된 것'이라고 평가할 수는 없다. 피고인이 전화통화를 시도함으로써 이를 송신하였다고 보는 것이 타당**하다.
[2] 따라서 **피고인이 전화를 걸어 피해자 휴대전화에 부재중 전화 문구, 수신차단기호 등이 표시되도록** 하였다면 실제 전화통화가 이루어졌는지와 상관없이 '**피해자의 휴대전화로 유선·무선·광선 및 기타의 전자적 방식에 의하여 부호·문언을 송신하지 말것'을 명하는 잠정조치를 위반**하였다고 보아야 한다.
[3] 피고인이 피해자에게 접근하거나 전화를 건 행위가 스토킹범죄를 구성하는 스토킹행위에 해당하고 '구 스토킹처벌법'의 잠정조치를 위반한 행위에도 해당하는 경우, '**스토킹범죄로 인한 구 스토킹처벌법 위반죄**'와 '**잠정조치 불이행으로 인한 구 스토킹처벌법 위반죄**'는 사회관념상 **1개의 행위로 성립하는 수 개의 죄에 해당하므로 형법 제40조의 상상적 경합관계에 있다**(2024. 9. 27. 선고 2024도7832).

④ 형법 제114조의 '범죄를 목적으로 하는 집단'과 조직, 가입, 활동의 의미 및 범죄집단활동죄와 개별 「마약류 관리에 관한 법률」 위반(향정)죄의 죄수관계

[1] **범죄집단**이란 특정 다수인이 **사형, 무기 또는 장기 4년 이상의 범죄**를 수행한다는 **공동목적** 아래 구성원들이 정해진 **역할분담에 따라 행동함으로써 범죄를 반복적으로 실행할 수 있는 조직체계를 갖춘 계속적인 결합체**를 의미한다. 다만 그 단체를 주도하거나 내부의 질서를 유지하는 '**최소한의 통솔체계**'가 요구되는 '**범죄단체**'와 달리, 범죄의 계획과 실행을 용이하게 할 정도의 조직적 구조를 갖추어야 한다. 범죄집단의 '**조직**'은 특정 다수인이 **의사 연락을 통하여 계속적으로 결합된 집합체**를 형성함을 의미하고 **일정한 형식을 필요로 하지 않는다**. 또한 '**가입**'이란 **이미 조직된 집단의 취지에 동조하여 구성원으로 참가하는 것**을 말하고 그 방법이나 **형식에 특별한 제한이 있는 것은 아니다**. 범죄집단 구성원으로서의 '**활동**'이란 범죄집단의 조직구조에 따른 **조직적·집단적 의사결정에 기초하여** 행하는 범죄집단의 **존속유지를 지향하는 적극적인 행위**를 일컫는다. 특정한 행위가 범죄집단의 구성원으로서의 '활동'에 해당하는지 여부는 당해 행위가 행해진 일시, 장소 및 그 내용, 행위가 이루어지게 된 동기 및 경위, 목적, 의사 결정자와 실행 행위자 사이의 관계 및 그 의사의 전달 과정 등의 **구체적인 사정을 종합하여 실질적으로 판단하여야** 한다.

[2] 또, **범죄집단활동죄와 개별 마약류관리에관한법률위반(향정)죄**는 그 구성요건, 보호법익 및 입법취지가 다르므로 위 두 죄는 **실체적 경합관계**에 있다(범죄단체 구성원으로서 활동하는 행위와 집단감금 또는 집단상해행위는 각각 별개의 범죄구성요건을 충족하는 독립된 행위라고 본 2008도1857 판결 참조).

[3] 피고인 1, 2, 3이 범죄집단을 조직하고, 나머지 피고인들이 위 범죄집단에 가입하여 범죄집단 구성원으로 활동하였다는 등의 범죄단체조직, 가입, 활동 및 「마약류 관리에 관한 법률」 위반(향정) 등으로 기소된 경우, 피고인 1, 2, 3이 마약류를 매매하고 마약류 판매대금을 세탁한다는 공동목적 아래 구성원들이 정해진 **역할분담에 따라 행동함**으로써 범죄를 반복적으로 실행할 수 있는 조직체계를 갖춘 계속적인 결합체로서 형법 제114조의 '**범죄집단**'을 조직하고, 나머지 피고인들이 위 범죄집단에 가입하여 함께 마약류 판매 등 범행, 범죄수익은닉 범행 등을 저지르면서 범죄집단의 구성원으로 활동하였으며, **범죄집단활동죄와 개별 「마약류 관리에 관한 법률」 위반(향정)죄는 실체적 경합관계**에 있다고 보아 범죄집단조직, 가입, 활동죄 및 개별 「마약류 관리에 관한 법률」 위반(향정)죄가 성립한다(2024도6909).

[15] 형벌론

① 형법 제52조 제1항의 자수가 형의 임의적 감면사유인지 여부(적극) / 형의 임의적 감면사유인 자수사실에 관한 진술을 유죄판결의 이유에서 명시하여야 하는지 여부(소극)

형법 제52조 제1항에 의하면 **자수는 그에 따른 형의 감면이 법원의 재량**에 맡겨져 있다. **형의 임의적 감면사유인 자수사실에 관한 진술은** 형사소송법 제323조에 따라 **유죄판결의 이유에서 그에 대한 판단을 명시하여야 할 사항이라고 볼 수 없다**(2024. 7. 11. 선고 2021도6051).

② 휴대전화의 동영상 촬영기능을 이용하여 피해자를 촬영한 행위 자체가 범죄에 해당하는 경우, 휴대전화는 '범죄행위에 제공된 물건', 촬영되어 저장된 동영상은 휴대전화에 저장된 전자기록으로서 '범죄행위로 인하여 생긴 물건'에 각각 해당하는지 여부(적극) 및 이때 법원이 휴대전화를 몰수하지 않고 동영상만을 몰수하는 것도 가능한지 여부(적극)

[1] 구 형법 제48조 제1항 제1호의 '범죄행위에 제공한 물건'은 범죄의 실행행위 자체에 사용한 물건만 의미하는 것이 아니라 실행행위 착수 전 또는 실행행위 종료 후 행위에 사용한 물건 중 범죄행위의 수행에 실질적으로 기여하였다고 인정되는 물건까지도 포함한다. 한편 위 조항에 따른 몰수는 임의적인 것이어서 그 요건에 해당되더라도 실제로 이를 몰수할 것인지 여부는 법원의 재량에 맡겨져 있지만 **형벌 일반에 적용되는 비례의 원칙에 따른 제한을 받는데, 몰수가 비례의 원칙에 위반되는 여부를 판단하기 위해서는, 몰수 대상 물건이 범죄 실행에 사용된 정도와 범위 및 범행에서의 중요성, 물건의 소유자가 범죄 실행에서 차지하는 역할과 책임의 정도, 범죄 실행으로 인한 법익 침해의 정도, 범죄 실행의 동기, 범죄로 얻은 수익, 물건 중 범죄 실행과 관련된 부분의 별도 분리 가능성, 물건의 실질적 가치와 범죄와의 상관성 및 균형성, 물건이 행위자에게 필요불가결한 것인지 여부, 몰수되지 아니할 경우 행위자가 그 물건을 이용하여 다시 동종 범죄를 실행할 위험성 유무 및 그 정도 등 제반 사정이 고려되어야** 한다.

[2] 또한, **전자기록은 일정한 저장매체에 전자방식이나 자기방식에 의하여 저장된 기록으로서 저장매체를 매개로 존재하는 물건이므로 위 조항에 정한 사유가 있는 때에는 이를 몰수할 수 있는바**, 가령 **휴대전화의 동영상 촬영기능을 이용하여 피해자를 촬영한 행위 자체가 범죄에 해당**하는 경우, 휴대전화는 '범죄행위에 제공된 물건', 촬영되어 저장된 동영상은 휴대전화에 저장된 전자기록으로서 '범죄행위로 인하여 생긴 물건'에 각각 해당하고 이러한 경우 **법원이 휴대전화를 몰수하지 않고 동영상만을 몰수하는 것도 가능**하다(2024. 1. 4. 선고 2021도5723).

③ 형의 실효 등에 관한 법률 제7조 제1항에서 정한 기간의 경과로 형이 실효된 경우, 그 전과가 특정범죄 가중처벌 등에 관한 법률 제5조의4 제5항에서 정한 "징역형을 받은 경우"에 해당하는지 여부(소극) / 2번 이상의 징역형을 받은 자가 자격정지 이상의 형을 받음이 없이 마지막 형의 집행을 종료한 날부터 형의 실효 등에 관한 법률에서 정한 기간을 경과한 경우, 그 마지막 형에 앞서는 형도 모두 실효되는지 여부(적극)

[1] 유죄의 확정판결에 대하여 재심개시결정이 확정되어 법원이 그 사건에 대하여 다시 심판을 한 후 재심판결을 선고하고 그 재심판결이 확정된 때에는 종전의 확정판결은 당연히 효력을 상실하므로, 재심판결이 확정됨에 따라 원판결이나 그 부수처분의 법률적 효과가 상실되고 형 선고가 있었다는 기왕의 사실 자체의 효과가 소멸한다.

[2] '형실효법' 제7조 제1항은 '수형인이 자격정지 이상의 형을 받음이 없이 형의 집행을 종료하거나 그 집행이 면제된 날부터 같은 항 각호에서 정한 기간이 경과한 때에는 그 형은 실효된다.'고 정하고, 같은 항 제2호에서 3년 이하의 징역·금고형의 경우는 그 기간을 5년으로 정하고 있다. 위 규정에 따라 형이 실효된 경우에는 형의 선고에 의한 법적 효과가 장래에 향하여 소멸되므로, 그 전과를 특정범죄 가중처벌 등에 관한 법률 제5조의4 제5항에서 정한 "징역형을 받은 경우"로 볼 수 없다. 한편 형실효법의 입법 취지에 비추어 보면, 2번 이상의 징역형을 받은 자가 자격정지 이상의 형을 받음이 없이 마지막 형의 집행을 종료한 날부터 위 법에서 정한 기간을 경과한 때에는 그 마지막 형에 앞서는 형도 모두 실효되는 것으로 보아야 한다(2023. 11. 30. 선고 2023도10699).

- 형법각론 -

[1] 살인의 죄
[2] 상해와 폭행의 죄

① 특수상해죄 및 특수협박죄의 구성요건 중 위험한 물건을 '휴대하여'의 의미

형법 제258조의2 제1항, 제257조 제1항, 제284조, 제283조 제1항은 위험한 물건을 휴대하여 사람의

신체를 상해한 자를 특수상해죄로, 사람을 협박한 자를 특수협박죄로 각 처벌하도록 규정하고 있다. 여기서 위험한 물건을 '휴대하여'는 범행 현장에서 사용하려는 의도 아래 위험한 물건을 소지하거나 몸에 지니는 경우를 의미한다. 범행 현장에서 위험한 물건을 사용하려는 의도가 있었는지는 피고인의 범행 동기, 위험한 물건의 휴대 경위 및 사용 방법, 피고인과 피해자와의 인적 관계, 범행 전후의 정황 등 모든 사정을 합리적으로 고려하여 판단하여야 한다. 피고인이 범행 현장에서 범행에 사용하려는 의도 아래 위험한 물건을 소지하거나 몸에 지닌 이상 피고인이 이를 실제로 범행에 사용하였을 것까지 요구되지는 않는다. 또한 위험한 물건을 휴대하였다고 하기 위하여는, 피고인이 범행 현장에 있는 위험한 물건을 사실상 지배하면서 언제든지 그 물건을 곧바로 범행에 사용할 수 있는 상태에 두면 충분하고, 피고인이 그 물건을 현실적으로 손에 쥐고 있는 등 피고인과 그 물건이 반드시 물리적으로 부착되어 있어야 하는 것은 아니다(2024. 6. 13. 선고 2023도18812).

[3] 과실치사상의 죄
[4] 유기와 학대의 죄
[5] 협박의 죄

① 특수스토킹범죄를 구성하는 스토킹행위 중 흉기 등을 휴대하지 않은 스토킹행위가 포함되어 있는 경우 일반스토킹범죄를 반의사불벌죄로 정한 구 스토킹처벌법 제18조 제3항이 적용되는지 여부(소극)

[1] '구 스토킹처벌법'은 제2조 제2호에서 '스토킹범죄'를 '지속적 또는 반복적으로 스토킹행위를 하는 것'으로 정의하고, 제18조 제1항에서 스토킹범죄를 형사처벌 대상으로 규정하면서 같은 조 제2항에서는 흉기 또는 그 밖의 위험한 물건을 휴대하거나 이용하여 저지른 스토킹범죄(이하 '특수스토킹범죄')를 가중처벌하도록 정하고 있다.
[2] 이러한 구 스토킹처벌법의 문언 및 체계 등에 비추어 보면, 지속적 또는 반복적으로 이루어진 일련의 스토킹행위에 흉기 또는 그 밖의 위험한 물건을 휴대하거나 이용한 스토킹행위가 포함되어 있는 경우, 그러한 일련의 스토킹행위는 하나의 특수스토킹범죄를 구성한다.
[3] 한편 구 스토킹처벌법 제18조 제3항은 같은 조 제1항 위반죄만을 반의사불벌죄로 정하고 특수스토킹범죄는 반의사불벌죄로 규정하지 아니하는바, 지속적 또는 반복적으로 이루어진 일련의 스토킹행위가 하나의 특수스토킹범죄를 구성하는 경우에는 피해자가 처벌을 희망하지 않더라도 구 스토킹처벌법 제18조 제3항이 적용될 수 없다. 특수스토킹범죄를 구성하는 일련의 스토킹행위 중에 흉기 또는 그 밖의 위험한 물건을 휴대·이용하지 않은 스토킹행위가 포함되어 있더라도 마찬가지이다.
[4] 피고인이 4회에 걸쳐 위험한 물건 등을 휴대·이용하지 않은 스토킹행위를 하고, 1회에 걸쳐 위험한 물건을 휴대한 스토킹행위를 함으로써 지속적·반복적으로 스토킹행위를 하였다는 구 스토킹처벌법상 특

수스토킹범죄 등으로 기소된 사안에서, 피고인이 총 5회에 걸친 일련의 스토킹행위가 하나의 특수스토킹범죄에 해당한다고 보고 피해자의 처벌불원 의사표시가 있음에도 구 스토킹처벌법 제18조 제3항의 반의사불벌죄 규정을 적용하지 않은 제1심판결을 그대로 유지한 원심은 정당하다(2023도11912).

[6] 강요의 죄
[7] 체포와 감금의 죄
[8] 약취와 유인의 죄
[9] 강간과 추행의 죄

① "니 @ㅐ미" 귓속말 사건

[1] '성폭력처벌법' 제13조는 "자기 또는 다른 사람의 **성적 욕망을 유발하거나 만족시킬 목적**으로 전화, 우편, 컴퓨터, 그 밖의 **통신매체**를 통하여 '**성적 수치심이나 혐오감을 일으키는 말, 음향, 글, 그림, 영상 또는 물건**'(이하 '성적 수치심을 일으키는 글 등')을 상대방에게 도달하게 한 사람"을 처벌하고 있다. 성폭력처벌법 위반(**통신매체이용음란**)죄는 '성적자기결정권에 반하여 성적 수치심을 일으키는 글 등을 개인의 의사에 반하여 접하지 않을 권리'를 보장하기 위한 것으로 **성적자기결정권과 일반적 인격권의 보호, 사회의 건전한 성풍속 확립을 보호법익**으로 한다.
[2] '**성적 수치심이나 혐오감을 일으키는 것**'은 피해자에게 **단순한 부끄러움이나 불쾌감을 넘어 인격적 존재로서의 수치심이나 모욕감을 느끼게 하거나 싫어하고 미워하는 감정을 느끼게 하는 것**으로서 **사회 평균인의 성적 도의관념에 반하는 것**을 의미한다.
[3] 통신매체를 이용한 대화 또는 메시지 등 전달 과정에서 이루어진 **어떠한 행위가 성적 수치심을 일으키는 글 등에 해당하는지**는 행위자의 주관적 동기나 의도가 아니라 피해자와 같은 성별과 연령대의 일반적이고 평균적인 사람들을 기준으로 그 행위 자체의 전체적인 내용을 관찰하여 그 시대의 **건전한 사회통념에 따라 객관적이고 규범적으로 판단**하여야 한다.
[4] 성폭력범죄의 처벌 등에 관한 특례법 위반(**통신매체이용음란**)죄의 '자기 또는 다른 사람의 성적 욕망을 유발하거나 만족시킬 목적'은 이른바 **초과주관적 위법요소**로서 '성적 욕망에는 성행위나 성관계를 직접적인 목적이나 전제로 하는 욕망뿐만 아니라 **상대방을 성적으로 비하하거나 조롱하는 등 상대방에게 성적 수치심을 줌으로써 자신의 심리적 만족을 얻고자 하는 욕망도 포함**되고, 이러한 성적 욕망이 상대방에 대한 분노감과 결합되어 있더라도 달리 볼 것은 아니다. 또한 그 목적에 대하여는 **미필적 인식이 있으면 충분**하고 그 결과의 발생을 의욕하거나 희망할 필요는 없다.
[5] '자기 또는 다른 사람의 **성적 욕망을 유발하거나 만족시킬 목적**'이 있는지는 통신매체이용음란죄의

입법 목적이 통신매체를 통하여 인격적 존재로서의 수치심이나 모욕감 등을 느끼게 하는 말 등을 개인의 의사에 반하여 일방적으로 접하지 아니하도록 함으로써 **성적 자기결정권과 일반적 인격권을 보호하고 이를 통하여 건강한 성풍속을 확립하고자 함에 있음을 염두**에 두고, **외부적으로 드러난 표현의 내용과 정도, 피고인과 피해자의 관계, 행위의 동기와 경위, 행위의 수단과 방법, 행위의 내용과 태양 등 여러 사정을 종합하여 사회통념에 비추어 합리적으로 판단하여야** 한다.

[6] 피고인이 온라인 게임상에서 피해자 甲(남, 26세)과 같은 팀을 이루어 게임을 하던 중 시비를 걸다가 甲과 팀원들에 의해 강제퇴장을 당하게 되자 甲에게 채팅창의 귓속말 기능으로 "니 @ㅐ미 너무 쪼여 ㅜ, 너무 잘빠렁!, 니 @ㅐ미 토막내서 개먹이로 던져줬셩ㅋㅋ"라는 메시지를 전송하고, 메일로 "니 @ㅐ미 걍간하고 토막냄 ㅋㅋ 개먹이로 던져주니 우걱우걱 ㅋㅋ"라는 메시지를 전송하여 '성폭력처벌법' 위반(통신매체이용음란)으로 기소된 사안에서, 위 메시지는 피고인이 甲의 어머니를 비하하여 지칭하는 표현을 사용하면서 甲 어머니와 피고인 사이의 성관계 태양이나 기교, 성기에 가해지는 자극, 성적 쾌감이나 흥분 등을 구체적이고 적나라하게 묘사하고, 甲의 어머니를 강간하는 등의 가학적 폭력성을 드러내는 내용으로서, 위와 같은 표현을 하는 것은 사회 평균인의 성적 도의관념에 반하는 행위에 해당하는 점, 위 메시지상 외부적으로 드러난 '성적 수치심이나 혐오감을 일으키게 하는 표현'의 수위와 강도, 피고인과 甲의 관계, 행위의 수단과 방법 등 여러 사정을 사회통념에 따라 살펴볼 때, 피고인은 자신이 보낸 표현의 문언적 의미를 충분히 인식하고서, **甲의 어머니를 노골적이고 적나라한 성적 대상으로 삼은 위 메시지를 받게 되는 甲을 성적으로 비하하고 조롱하여 그에게 성적 수치심이나 혐오감을 일으킴으로써 자신의 심리적 만족을 얻고자 하는 욕망을 유발하는 등의 목적으로 이러한 행위를 한 것으로 평가할 수 있고, 거기에 상대방을 향한 분노감 표출, 상대방을 화나게 할 의도 등 다른 목적이 결합**되어 있었더라도 이와 달리 볼 수 없는 점, 상대방의 성별이나 구체적인 인적사항을 알지 못하였다는 것은 인터넷과 같은 온라인 매체를 이용한 비대면 범죄의 고유한 속성에서 기인하는 것일 뿐이므로, **피고인이 온라인 게임 중 甲을 우연히 처음 만났다거나 甲을 동성으로 인식하였는지 등은 성폭력처벌법 위반(통신매체이용음란)죄의 인정에 장애가 되지 아니하는 점** 등을 종합하면, 위 메시지는 성적 수치심이나 혐오감을 일으키는 글에 해당하고, 당시 피고인에게는 자기의 성적 욕망을 유발하거나 만족시킬 목적이 있었다고 봄이 타당하다는 이유로, 이와 달리 보아 공소사실을 **무죄로 판단한 원심판결에 잘못**이 있다(2024. 11. 28. 선고 2022도10688).

② "니 ㅇ미" 채팅창 사건

피고인이 인터넷 게임을 하던 중 같은 게임을 하던 피해자 甲(여, 29세)에게 게임 내 채팅창을 이용하여 "니 ㅇ미가 입으로 봉사하는거 보고.", "니 ㅇ비는 지금 니 ㅇ미가 내 주니어 빠는거 관전중이셔.", "니 ㅇ미 몸매 관리 좀 하라해. 그게 더 흥분돼." 등의 메시지를 전송하여 '성폭력처벌법' 위반(통신매체이용음란)으로 기소된 사안에서, 피고인과 甲은 서로의 성별조차도 모르는 사이로서, 당일 처음 인터넷 게임상에서 함께 팀을 이뤄 게임을 하게 되었고, 함께 게임에 참여한 다른 사람들도 모두 피고인, 甲과 처음 인터넷 게임상에서 만났을 뿐인 점, 피고인이 甲과 같은 팀에 소속되어 게임을 하는 과정에서 피고인을 포함한 같은 팀원들이 甲에게 '甲이 게임을 망치고 있다.'는 취지의 메시지를 보냈고, 甲도 피고인에게 적극적으로 대응하는 메시지를 보냄으로써 피고인과 다툼이 생겼으며, 피고인은 甲과 다투는 과정에서 다소 공격적인 甲의 메시지 내용에 화가 나서 위 메시지를 한 문장씩 전송한 것인 점 및 피고인과 甲의 관계, 위 메시지 전송 경위 등을 고려하면, 위 메시지에 甲의 부모를 대상으로 하는 모멸감을 주는 표현이 섞여 있기는 하나, 피고인은 甲과의 다툼 과정에서 자신의 분노를 표출하는 것이 주된 목적이었을 뿐 상대방에게 성적 수치심을 줌으로써 자신의 심리적 만족을 얻고자 하는 욕망이 있었다고 인정하기 어렵다는 이유로, 이와 달리 보아 공소사실을 유죄로 인정한 원심판결에 위법이 있다(2024. 11. 28. 선고 2023도7199).

③ 「성폭력범죄의 처벌 등에 관한 특례법」제14조 제1항의 '촬영'의 대상인 '사람의 신체'에 해당하는지 여부가 문제된 사건

[1] '성폭력처벌법' 제14조 제1항은 "카메라나 그 밖에 이와 유사한 기능을 갖춘 기계장치를 이용하여 성적 욕망 또는 수치심을 유발할 수 있는 사람의 신체를 촬영대상자의 의사에 반하여 촬영한 자는 7년 이하의 징역 또는 5천만원 이하의 벌금에 처한다."라고 규정하고 있다. 위 조항이 촬영의 대상을 '사람의 신체'로 규정하고 있으므로, 사람의 신체 그 자체를 직접 촬영하는 행위만이 위 조항에서 규정하고 있는 '사람의 신체를 촬영한 행위'에 해당하고, 사람의 신체 이미지가 담긴 영상을 촬영한 행위는 이에 해당하지 않는다.

[2] 피고인이 피해자와 영상통화를 하면서 피해자가 나체로 샤워하는 모습을 휴대전화 녹화기능을 이용하여 녹화·저장하였다는 성폭력처벌법 위반(카메라등이용촬영·반포등) 등으로 기소된 경우, 피고인의 행위는 피해자의 신체 그 자체가 아니라 피고인의 휴대전화에 수신된 신체 이미지 영상을 대상으로 한 것이어서 위 조항이 정하는 '사람의 신체를 촬영한 행위'에 해당한다고 볼 수 없다(2024도10477).

④ 성폭력처벌법 제14조의3 제1항에서 정한 '촬영물 또는 복제물(복제물의 복제물을 포함)을 이용하여'의 의미

[1] '성폭력처벌법' 제14조의3 제1항은 성적 욕망 또는 수치심을 유발할 수 있는 촬영물 또는 복제물(복제물의 복제물을 포함, 이하 '촬영물 등')을 이용하여 사람을 협박한 자를 형법상의 협박죄보다 가중처벌하는 규정을 두고 있다. 여기서 '촬영물 등을 이용하여'는 '촬영물 등'을 인식하고 이를 방편 또는

수단으로 삼아 협박행위에 나아가는 것을 의미한다. 한편 **협박죄에 있어서의 협박**이라 함은 '**사람으로 하여금 공포심을 일으킬 수 있을 정도의 해악의 고지**'라 할 것이고, 해악을 고지하는 **방법에는 제한이 없어** 언어 또는 문서에 의하는 경우는 물론 태도나 거동에 의하는 경우도 협박에 해당한다.
[2] 따라서 **실제로 촬영, 제작, 복제 등의 방법으로 만들어진 바 있는 촬영물 등을 방편 또는 수단으로 삼아 유포가능성 등 공포심을 일으킬 수 있을 정도의 해악을 고지한 이상 성폭력처벌법제14조의3 제1항의 죄는 성립**할 수 있고, 반드시 행위자가 촬영물 등을 피해자에게 직접 제시하는 방법으로 협박해야 한다거나 협박 당시 해당 촬영물 등을 소지하고 있거나 유포할 수 있는 상태일 필요는 없다(2024. 5. 30. 선고 2023도17896).

⑤ **아동·청소년 등이 일상적인 생활을 하면서 신체를 노출한 것을 몰래 촬영하는 방식 등으로 성적 대상화한 경우, 이와 같은 행위를 표현한 영상 등이 아동·청소년성착취물에 해당하는지 여부(적극)**

[1] 구 **아동·청소년의 성보호에 관한 법률의 입법 목적은 아동·청소년을 대상으로 성적 행위를 한 자를 엄중하게 처벌**함으로써 **성적 학대나 착취로부터 아동·청소년을 보호**하고 아동·청소년이 책임있고 건강한 사회구성원으로 성장할 수 있도록 하려는 데 있다. 아동·청소년이용음란물은 그 직접 피해자인 아동·청소년에게는 치유하기 어려운 정신적 상처를 안겨줄 뿐만 아니라, 이를 시청하는 사람들에게까지 성에 대한 왜곡된 인식과 비정상적 가치관을 조장한다. **아동·청소년이용음란물에 대한 지속적 접촉이 아동·청소년을 상대로 한 성범죄로 이어질 수 있다**는 점을 부인하기 어렵다. 따라서 **잠재적인 성범죄로부터 아동·청소년을 보호하기 위해서는 아동·청소년을 성적 대상화하는 행위를 엄격하게 규율하여 위반행위를 처벌할 필요**가 있다. 위와 같은 입법 목적 등에 비추어 살펴보면, **아동·청소년 등이 일상적인 생활을 하면서 신체를 노출한 것일 뿐 적극적인 성적 행위를 한 것이 아니더라도 이를 몰래 촬영하는 방식 등으로 성적 대상화하였다면 이와 같은 행위를 표현한 영상 등은 아동·청소년이용음란물에 해당**한다.
[2] 이 사건 영상물에는 **아동·청소년이 용변을 보는 등 화장실을 이용하는 과정에서 신체 부위가 노출되는 영상**이 담겨있는 사실, 피고인은 화장실 내 용변칸 천장에 카메라를 설치하여 놓고 위와 같은 **아동·청소년의 모습을 몰래 촬영**한 사실을 알 수 있다. 이러한 사실관계를 앞서 본 법리에 비추어 살펴보면, 이 사건 영상물은 아동·청소년의 노출된 신체를 몰래 촬영한 것이므로 그것이 **화장실 이용행위 등 일상적인 모습에 관한 것이라고 하더라도** 청소년성보호법 제2조 제4호 (다)목의 '신체의 전부 또는 일부를 접촉·노출하는 행위로서 일반인의 성적 수치심이나 혐오감을 일으키는 행위'를 내용으로 하는 **영상물에 해당**한다(2023. 12. 28. 선고 2023도12198).

[10] 명예에 관한 죄

① 인터넷 사이트 'Bad Fathers'에 丙을 비롯한 피해자 5명의 이름, 얼굴 사진, 거주지, 직장명 등 신상정보를 공개하는 글이 게시되게 한 경우

[1] 정보통신망 이용촉진 및 정보보호 등에 관한 법률 제70조 제1항은 "사람을 비방할 목적으로 정보통신망을 통하여 공공연하게 사실을 드러내어 다른 사람의 명예를 훼손한 자는 3년 이하의 징역 또는 3천만 원 이하의 벌금에 처한다."라고 정한다. 이 규정에 따른 범죄가 성립하려면 피고인이 공공연하게 드러낸 사실이 다른 사람의 사회적 평가를 떨어뜨릴 만한 것임을 인식해야 할 뿐만 아니라 사람을 비방할 목적이 있어야 한다. 비방할 목적이 있는지는 피고인이 드러낸 사실이 사회적 평가를 떨어뜨릴 만한 것인지와 별개의 구성요건으로서, 드러낸 사실이 사회적 평가를 떨어뜨리는것이라고 해서 비방할 목적이 당연히 인정되는 것은 아니다. 그리고 이 규정에서 정한 모든 구성요건에 대한 증명책임은 검사에게 있다.

[2] '사람을 비방할 목적'이란 가해의 의사 내지 목적을 요하는 것으로, 사람을 비방할 목적이 있는지 여부는 해당 적시 사실의 내용과 성질, 해당 사실의 공표가 이루어진 상대방의 범위, 표현의 방법 등 표현 자체에 관한 제반 사정을 감안함과 동시에 표현에 의하여 훼손되거나 훼손될 수 있는 명예의 침해 정도 등을 비교·형량하여 판단되어야 한다. 또한 비방할 목적이란 공공의 이익을 위한 것과는 행위자의 주관적 의도의 방향에서 서로 상반되는 관계에 있으므로, 적시한 사실이 공공의 이익에 관한 것인 경우에는 특별한 사정이 없는 한 비방할 목적은 부인된다. 여기에서 '적시한 사실이 공공의 이익에 관한 경우'란 적시된 사실이 객관적으로 볼 때 공공의 이익에 관한 것으로서 행위자도 주관적으로 공공의 이익을 위하여 그 사실을 적시한 것이어야 하는데, 공공의 이익에 관한 것에는 널리 국가·사회 기타 일반 다수인의 이익에 관한 것뿐만 아니라 특정한 사회집단이나 그 구성원 전체의 관심과 이익에 관한 것도 포함하는 것이다. 나아가 적시된 사실이 이러한 공공의 이익에 관한 것인지 여부는 해당 명예훼손적 표현으로 인한 피해자가 공무원 내지 공적 인물과 같은 공인인지 아니면 사인에 불과한지, 표현이 객관적으로 국민이 알아야 할 공공성·사회성을 갖춘 공적 관심 사안에 관한 것으로 사회의 여론형성 내지 공개토론에 기여하는 것인지 아니면 순수한 사적인 영역에 속하는 것인지, 피해자가 명예훼손적 표현의 위험을 자초한 것인지, 그리고 표현에 의하여 훼손되는 명예의 성격과 침해의 정도, 표현의 방법과 동기 등 제반 사정을 고려하여 판단하여야 한다. 행위자의 주요한 동기 내지 목적이 공공의 이익을 위한 것이라면 부수적으로 다른 사익적 목적이나 동기가 내포되어 있더라도 비방할 목적이 있다고 보기는 어렵다.

[3] 피고인 甲은 양육비채권자의 제보를 받아 양육비 미지급자의 신상정보를 공개하는 인터넷 사이트 'Bad Fathers'의 운영에 관계된 사람이고, 피고인 乙은 위 사이트에 자신의 전 배우자 丙을 제보한 사람인데, 피고인들은 각자 또는 공모하여 위 사이트에 丙을 비롯한 피해자 5명의 이름, 얼굴 사진, 거주지, 직장명 등 신상정보를 공개하는글이 게시되게 하고, 피고인 乙은 자신의 인스타그램에 위 사이트 게시 글의 링크 주소를 첨부하고 丙에 대하여 '미친년'이라는 표현 등을 덧붙인 글을 게시함으로써 피해자들을 비방할 목적으로 사실을 적시하였다는 정보통신망 이용촉진 및 정보보호 등에 관한 법률 위

반(명예훼손)의 공소사실로 기소된 사안에서, 피고인들이 위 사이트의 신상정보 공개를 통해 양육비 미지급 사실을 알린 것은 **결과적으로 양육비 미지급 문제** 라는 공적 관심 사안에 관한 사회의 여론형성이나 공개토론에 **기여**하였다고 볼 수 있으나, 글 게시 취지·경위·과정 등에 비추어 그 신상정보 공개는 특정된 개별 양육비 채무자를 압박하여 양육비를 신속하게 지급하도록 하는 것을 주된 목적으로 하는 **사적 제재 수단**의 일환에 가까운 점, 위 사이트에서 신상정보를 공개하면서 공개 여부 결정의 객관성을 확보할 수 있는 기준이나 양육비채무자에 대한 **사전 확인절차를 두지 않고 양육비 지급 기회를 부여하지도 않은 채 일률적으로 공개**한 것은 우리 법질서에서 허용되는 채무불이행자 공개 제도와 비교하여 볼 때 양육비채무자의 권리를 침해하는 정도가 커 정당화되기 어려운 점, **위 사이트에서 공개된 신상정보인 얼굴 사진, 구체적인 직장명, 전화번호**는 그 특성상 공개 시 양육비채무자가 입게 되는 피해의 정도가 매우 큰 반면, 피고인들에게 양육비 미지급으로 인한 사회적 문제를 공론화 하기 위한 목적이 있었더라도 얼굴 사진 등의 공개는 위와 같은 공익적인 목적과 직접적인 관련성이 있다고 보기 어렵고, 얼굴 사진 등을 공개하여 **양육비를 즉시 지급하도록 강제할 필요성이나 급박한 사정도 엿보이지 않는 점** 등 제반 사정을 종합하면, 피고인들에게 신상정보가 공개된 피해자들을 비방할 **목적이 인정**된다는 이유로, 같은 취지에서 피고인들에 대한 **위 공소사실을 모두 유죄**로 판단한 원심판결이 정당하다(2024. 1. 4. 선고 2022도699).

② 저작권법 제136조 제2항 제1호 위반죄에서 저작자 또는 실연자의 '명예'의 의미 (=사회적 명예)

[1] 저작권법 제136조 제2항 제1호는 **저작인격권 또는 실연자의 인격권을 침해하여 저작자 또는 실연자의 명예를 훼손한 사람을 처벌하도록 규정**하고 있다. 위 규정에서 정한 저작권법 위반죄는 저작인격권 또는 실연자의 인격권과 함께 저작자 또는 실연자의 명예를 보호하려는 데 그 목적이 있다. 여기서 저작자 또는 실연자의 명예란 저작자 또는 실연자가 그 품성·덕행·명성·신용 등의 인격적 가치에 관하여 사회로부터 받는 객관적 평가, 즉 **사회적 명예**를 가리킨다.

[2] 본죄는 저작인격권 또는 실연자의 인격권을 침해하는 행위를 통해서 저작자 또는 실연자의 사회적 가치나 평가가 침해될 위험이 있으면 성립하고, 현실적인 침해의 결과가 발생하거나 구체적·현실적으로 침해될 위험이 발생하여야 하는 것은 아니다. 다만 저작인격권 또는 실연자의 인격권을 침해하는 행위가 있었다는 사정만으로 바로 저작자 또는 실연자의 사회적 가치나 평가가 침해될 위험이 있다고 볼 수는 없다. 저작인격권 또는 실연자의 인격권을 침해하는 행위가 저작자 또는 실연자의 사회적 가치나 평가를 침해할 위험이 있는지는 저작자 또는 실연자의 주관적 감정이나 기분 등 명예감정을 침해할 만한 행위인지를 기준으로 판단할 것이 아니라, 침해행위에 이르게 된 경위, 침해행위의 내용과 방식, 침해의 정도, 저작자 또는 실연자의 저작물 또는 실연과 관련된 활동 내역 등 **객관적인 제반 사정**에 비추어 저작자 또는 실연자의 사회적 명예를 침해할 만한 행위인지를 기준으로 **신중하게 판단하여야** 한다(2023. 11. 30. 선고 2020도10180).

③ 개별적으로 소수의 사람에게 발언하였더라도 상대방이 불특정 또는 다수인에게 해당 내용을 전파할 가능성이 객관적으로 인정되는 경우, 모욕죄의 구성요건인 '공연성'을 인정할 수 있는지 여부(적극)

[1] 모욕죄의 구성요건인 '공연성'에 관하여도 명예훼손죄의 '공연성'에 관한 법리가 동일하게 적용되므로, 개별적으로 소수의 사람에게 발언하였더라도 그 상대방이 불특정 또는 다수인에게 해당 내용을 전파할 가능성이 객관적으로 인정되는 경우에는 공연성을 인정할 수 있지만, 특정한 소수에게만 발언하였다는 점은 공연성이 부정되는 유력한 사정이 될 수 있으므로, 그와 같은 사정하에서의 전파가능성에 관하여는 검사의 엄격한 증명이 필수적이다.

[2] 구체적인 사안에서 **공연성이 인정되는지** 여부는 발언을 하게 된 경위와 당시 상황, 발언의 내용·방법, 행위자의 의도, 행위자·상대방의 태도, 행위자·상대방·피해자의 관계와 지위 등 행위 당시의 구체적인 사정을 심리한 후 상대방이 불특정 또는 다수인에게 전파할 가능성이 있는지 등을 **종합하여 객관적으로 판단하여야** 한다.

[3] **전파가능성을 이유로 모욕죄의 공연성이 인정**될 수 있는 경우에도 **범죄구성요건의 주관적 요소로서 미필적 고의는 필수적**이므로, 행위자가 당시에 전파가능성에 대한 인식을 전제로 그 위험을 용인하는 내심의 의사가 존재한다는 사실 및 그에 대한 증명이 있어야 한다. 행위자가 전파가능성을 용인하였는지 여부는 외부에 나타난 행위의 형태·상황 등 **구체적 사정을 기초로 하여 일반인이라면 전파가능성을 어떻게 평가할 것인가를** 고려하면서 **행위자의 입장에서 심리상태를 추인하여야** 하므로, 행위자의 고의를 인정함에 있어 신중할 필요가 있다. 한편 발언 후 실제로 전파되었는지 여부는 **전파가능성 유무를 판단함에 있어 소극적 사정으로 고려**될 수 있다.

[4] 특히 **발언의 내용** 역시 피해자의 외부적 명예나 인격적 가치에 대한 사회적 평가를 저하시키거나 인격을 허물어뜨릴 정도로 모멸감을 주는 혐오스러운 표현이라기보다는 **전체적으로 피해자의 입장에서 불쾌함을 느낄 정도의 부정적·비판적 의견이나 불편한 감정을 거칠게 나타낸 정도의 표현에 그치**는 것으로서, 발언에 담긴 취지가 아니라 그와 같은 조악한 표현 자체를 피해자에게 그대로 옮겨 **전파하리라는 사정을 쉽게 예상하기 어려운 경우에는 전파가능성을 인정함에 더욱 신중**을 기할 필요가 있다(2024. 1. 4. 선고 2022도14571).

[11] 신용·업무와 경매에 관한 죄

① 계좌개설 신청인이 접근매체를 양도할 의사로 금융기관에 법인 명의 계좌를 개설하면서 예금거래신청서 등에 금융거래의 목적이나 접근매체의 양도의사 유무 등에 관한 사실을 허위로 기재하였으나, 계좌개설 심사업무를 담당하는 금융기관의 업무담당자가 단순히 예금거래신청서 등에 기재된 계좌개설 신청인의 허위 답변만을 그대로 믿고 그 내용의 진실 여부를 확인할 수 있는 증빙자료의 요구 등 추가적인 확인조치 없이 법인 명의 계좌를 개설해 준 경우, 계좌개설 신청인에게 위계에 의한 업무방해죄가 성립하는지 여부(소극)

[1] 상대방으로부터 신청을 받아 일정한 자격요건 등을 갖춘 경우에 한하여 그에 대한 수용 여부를 결정하는 업무에 관해서는 **신청서에 기재된 사유가 사실과 부합하지 않을 수 있음을 전제로 하여 자격요건 등을 심사·판단**하는 것이므로, 업무담당자가 사실을 충분히 확인하지 아니한 채 신청인이 제출한 허위 신청사유나 허위 소명자료를 가볍게 믿고 수용하였다면 이는 **업무담당자의 불충분한 심사**에 기인한 것으로서 **신청인의 위계가 업무방해의 위험성을 발생시켰다고 할 수 없어 위계에 의한 업무방해죄를 구성하지 않는다.**

[2] 따라서 **계좌개설 신청인이 접근매체를 양도할 의사로 금융기관에 법인 명의 계좌를 개설**하면서 예금거래신청서 등에 금융거래의 목적이나 접근매체의 양도의사 유무 등에 관한 사실을 허위로 기재하였으나, 계좌개설 심사업무를 담당하는 **금융기관의 업무담당자가 단순히 예금거래신청서 등에 기재된 계좌개설 신청인의 허위 답변만을 그대로 믿고 그 내용의 진실 여부를 확인할 수 있는 증빙자료의 요구 등 추가적인 확인조치 없이 법인 명의 계좌를 개설해 준 경우** 그 계좌개설은 금융기관 업무담당자의 **불충분한 심사에 기인**한 것이므로, 계좌개설 신청인의 위계가 업무방해의 위험성을 발생시켰다고 할 수 없어 위계에 의한 업무방해죄를 구성하지 않는다.

[3] 피고인은 공소외인으로부터 주식회사 ○○의 사업자등록증, 인감증명서, 대표자의 위임장 등이 들어있는 서류철을 교부받고, 그 무렵 **피해자 신한은행의 지점에 이를 제출하여 정상적으로 신규계좌를 발급하는 것처럼 피해자 신한은행 소속 직원을 기망하고, 이에 속은 위 직원으로부터 주식회사 ○○ 명의 통장, 카드, OTP카드, 비밀번호, 인터넷뱅킹 인증서를 발급받은 것을 비롯하여 총 121회에 걸쳐 위계로써 피해자 은행들로부터 각 법인 명의 접근매체를 발급받음**으로써 공소외인 등과 공모하여 위계로 피해자 은행들의 업무를 방해하였다는 업무방해의 공소사실로 기소된 경우, 이 사건 각 계좌가 개설되거나 접근매체가 변경된 것은 피해 금융기관 **업무담당자의 불충분한 심사에 기인**한 것으로 볼 여지가 많아 신청인인 피고인의 위계가 업무방해의 위험성을 발생시켰다고 할 수 없으므로 **위계에 의한 업무방해죄를 구성하지 않는다**(2023. 9. 14. 선고 2022도15824).

---

② 학위청구논문의 작성계획을 밝히는 예비심사 단계에서 제출된 논문 또는 자료의 경우, 학위논문과 동일하게 볼 수 있는지 여부(소극)

[1] 학위논문을 작성함에 있어 자료를 분석, 정리하여 논문의 내용을 완성하는 일의 대부분을 타인에게 의존하였다면 그 논문은 타인에 의하여 대작된 것이라고 보아야 할 것이나, **학위청구논문의 작성계획을 밝히는 예비심사 단계에서 제출된 논문 또는 자료의 경우**에는 아직 본격적인 연구가 이루어지기 전이고, 연구주제 선정, 목차 구성, 논문작성계획의 수립, 기존 연구성과의 정리 등에 **논문지도교수의 폭넓은 지도를 예정하고 있다고 할 것이어서 학위논문과 동일하게 볼 수 없다.**
[2] 위와 같은 사실관계를 앞서 본 법리에 비추어 살펴보면, **피고인 1이 이 사건 예비심사 과정에서 지도교수인 공소외 1에 의한 수정, 보완을 거친 이 사건 예심자료를 제출하였다** 하더라도 이로써 원장 등에게 오인·착각 또는 부지를 일으키게 하여 이를 이용하였다거나, 업무방해의 결과를 초래할 위험이 발생하였다고 **단정하기 어렵다**(2023. 9. 14. 선고 2021도13708).

---

③ 입찰방해죄에서 '입찰의 공정을 해하는 행위'의 의미

[1] **입찰방해죄는 위계 또는 위력 기타의 방법으로 입찰의 공정을 해하는 경우에 성립**하고, 여기서 '입찰의 공정을 해하는 행위'란 공정한 자유경쟁을 방해할 염려가 있는 상태를 발생시키는 것으로서, 그 행위에는 **적정한 가격형성에 부당한 영향**을 주는 것뿐 아니라 적법하고 공정한 **경쟁방법을 해하거나 공정한 경쟁구도의 형성을 저해하는 행위도 포함**된다.
[2] 피고인이 이 사건 각 **부동산이 낙찰되지 않게 하기 위하여 제3자 명의로 매각허가결정을 받은 후 매각대금을 납부하지 않는 방법**으로 위계로써 경매의 공정을 해하였다는 입찰방해의 공소사실로 기소된 경우, 피고인이 민사집행법상 기일입찰 방식의 경매절차에서 **경매목적물을 매수할 의사나 능력 없이 오로지 경매목적물이 제3자에게 매각되는 것을 저지하기 위하여 경매절차를 지연할 목적으로 다른 사람의 명의를 이용하여 감정가와 현저하게 차이가 나는 금액으로 입찰하는 행위를 반복**함으로써 제3자의 매수를 사실상 봉쇄하여 전체적으로 경매절차를 형해화하는 정도에 이르렀고 **이는 위계로써 경매의 공정을 해한 것**으로 볼 수 있다(2023도10254).

---

④ 부동산경매절차에서 허위의 임차권에 기하여 권리신고 및 배당요구를 한 경우 경매방해죄 성립 여부가 문제된 사건

[1] 경매방해죄는 위계 또는 위력 기타의 방법으로 경매의 공정을 해하는 경우에 성립하는 추상적 위험범으로서 결과의 불공정이 현실적으로 나타나는 것을 요하지 아니한다. 여기서 '경매의 공정을 해하는 행위'란 공정한 자유경쟁을 방해할 염려가 있는 상태를 발생시키는 것으로서 가격을 결정하는 데 있어서뿐 아니라 적법하고 공정한 경쟁방법 자체를 해하는 행위를 포함한다. 법률적으로 경매결과에 영향을

미칠 수 있는 행위뿐 아니라 경매에 참가하려는 자의 의사결정에 사실상 영향을 미칠 수 있는 행위도 '경매의 공정을 해하는 행위'에 해당할 수 있다.

[2] 따라서 **사실심으로서는 이에 해당하는지 여부를 판단**하기 위해서 경매 목적물에 대한 객관적 법률관계와 현실적 점유 상태, 경매절차에서 한 권리신고내역, 현황조사보고서나 매각물건명세서의 기재내용, 경매 전후로 변동되는 법률관계의 내용, 소멸되거나 인수되는 권리의 유무 및 그러한 권리 외관의 존부 등을 **종합적으로 살펴** 피고인의 행위가 법률적으로 경매결과에 영향을 미치거나 **경매에 참가하려는 자의 의사결정에 사실상 영향을 미칠 수 있는 것인지 여부를 충실히 심리하여야** 한다. 그럼에도 이에 이르지 않고 경매 목적물에 관한 권리의 객관적 성격과 민사집행법 등 관련 법령이 정한 바에 따른 경매 전후의 권리변동에 관한 법률적인 평가에만 터잡아 곧바로 경매방해죄의 성립을 긍정하거나 **부정**하는 것은 **경매방해죄 인정에 필요한 심리를 다하지 않은 것으로 보아야** 한다.

[3] 피고인이 부동산경매절차에서 허위의 임차권에 기하여 권리신고 및 배당요구를 함으로써 위계의 방법으로 경매의 공정을 해하였다는 **경매방해 등**으로 기소된 사안에서, 원심은 이 사건 부동산에 피고인이 신고한 허위의 임차권보다 선순위인 근저당권이 설정되어 있어 피고인이 신고한 임차권으로는 선순위 근저당권에 대항할 수 없다는 등의 이유로 경매방해죄가 성립하지 않는다고 판단하였다. 그러나 대법원은 위와 같은 법리를 설시하면서, 피고인이 신고한 임차권이 현황조사보고서와 매각물건명세서에 **포함**되었는데, 이는 경매에 참가하려는 자들의 의사결정에 사실상 영향을 줄 수 있는 사정 중의 하나에 **해당**하므로, **원심으로서는** 이 사건 부동산의 경매절차에 나타난 제반사정을 종합적으로 살펴 **허위의 임차권을 신고하는 행위가 경매에 참가하려는 자들의 의사결정에 사실상 영향을 미쳤는지를 충실히 심리하여 '공정한 자유경쟁을 방해할 염려가 있는 상태가 발생하였는지'를 판단하였어야** 한다고 보아, 이와 달리 판단한 **원심을 파기·환송**하였다(2022도3103).

[12] 주거침입죄(비밀침해죄)

① 업무시간 중 출입자격 등의 제한 없이 일반적으로 개방되어 있는 장소에 들어간 경우, 관리자의 명시적 출입금지 의사 및 조치가 없었던 이상 그 출입행위가 결과적으로 관리자의 추정적 의사에 반하였다는 사정만으로 이를 주거침입죄에서 규정한 침입행위로 평가할 수 있는지 여부(소극)

[1] 주거침입죄는 사실상 주거의 평온을 보호법익으로 한다. 주거침입죄의 구성요건적 행위인 침입은 주거침입죄의 보호법익과의 관계에서 해석하여야 하므로, 침입이란 주거의 사실상 평온상태를 해치는 행위 태양으로 주거에 들어가는 것을 의미하고, 침입에 해당하는지는 출입 당시 객관적·외형적으로 드

러난 행위 태양을 기준으로 판단함이 원칙이다. 사실상의 평온상태를 해치는 행위 태양으로 주거에 들어가는 것이라면 대체로 거주자의 의사에 반하겠지만, 단순히 주거에 들어가는 행위 자체가 거주자의 의사에 반한다는 주관적 사정만으로는 바로 침입에 해당한다고 볼 수 없다. 따라서 침입행위에 해당하는지는 거주자의 의사에 반하는지가 아니라 사실상의 평온상태를 해치는 행위 태양인지에 따라 판단되어야 한다. 한편 **업무시간 중 출입자격 등의 제한 없이 일반적으로 개방되어 있는 장소에 들어간 경우, 관리자의 명시적 출입금지 의사 및 조치가 없었던 이상 그 출입행위가 결과적으로 관리자의 추정적 의사에 반하였다는 사정만으로는 사실상의 평온상태를 해치는 행위 태양으로 출입하였다고 평가할 수 없다.**
[2] 가) 위 피고인들이 들어간 '(은행명 1 생략)저축은행'은 업무시간에 출입자격 등의 제한 없이 일반적으로 개방되어 있는 장소이고, '(상호 생략)건설'은 업무상 이해관계인의 출입에 별다른 제한이 없는 영업장소에 해당한다. 나) 위 피고인들은 '(은행명 1 생략)저축은행·(상호 생략)건설'에 출입할 당시에 별다른 출입의 제한이나 제지를 받지 않았고, 특별한 출입통제조치가 되어 있지도 않았다. 다) 위 피고인들은 물론 위 각 장소에 함께 들어간 구분소유자들은 3~4명씩 나누어 순차적으로 들어가거나 노인·여성부터 1~2명씩 먼저 들어간 것으로 보일 뿐 진입을 제지받았음에도 다수의 힘 또는 위세를 이용하여 들어간 것으로 보이지 않는다. 라) 특히 위 피고인들은 '(상호 생략)건설'에 미리 공문으로 방문 의사를 고지한 후 담당자와의 면담약속에 따라 방문하였고, '(은행명 1 생략)저축은행'의 경우에도 사전에 담당자와 면담약속을 한 후 방문하여, 그곳에서 제공하는 회의실·대기실 등에서 약속된 담당자와 실제로 면담·회의를 하였음은 위 다른 두 곳의 경우와 마찬가지로, 출입 과정에 관한 관계자의 증언을 보더라도 적극적·명시적 출입금지 의사 및 조치는 없었던 것으로 보인다. 마) 위 피고인들은 물론 함께 들어간 구분소유자들이 위 각 장소에 순차적으로 들어간 후 다중의 위력을 보일 수 있을 정도의 규모에 이르렀고, 그로부터 상당한 시간이 경과한 이후 그때까지 위 피고인들이 기대하였던 담당자 또는 대표이사와의 면담 등이 무산됨에 따라 일부 참석자들에 의한 소란 등 행위가 우발적으로 발생하였던 것으로 보일 뿐이다. 즉, 소란 등 행위에 가담한 이들에 대하여 판시 업무방해 또는 폭력행위처벌법 위반(공동퇴거불응) 등 범행이 성립함은 별론으로 하고, **업무시간 중 일반적으로 출입이 허용되어 개방된 '(은행명 1 생략)저축은행'은 물론 업무상 이해관계인의 출입에 별다른 제한이 없는 영업장소인 '(상호 생략)건설'에 위 피고인들이 업무상 이해관계인 자격으로 관리자의 출입제한이나 제지가 없는 상태에서 사전에 면담약속·방문 통지를 한 후 방문한 것이거나 면담요청을 하기 위해 통상적인 방법으로 들어간 이상, 사실상의 평온상태를 해치는 행위 태양으로 들어갔다고 볼 수 없어 건조물침입죄에서 규정하는 침입행위에 해당한다고 보기 어렵다.** 설령 **사후적으로 볼 때 위 피고인들의 위 각 장소에의 순차적 출입이 앞서 본 소란 등 행위로 인하여 결과적으로 각 관리자의 추정적 의사에 반하는 결과를 초래하게 되었더라도**, 그러한 사후적 사정만으로는 사실상의 평온상태를 해치는 행위 태양으로 출입하였다고 평가할 수 없다(2024. 1. 4. 선고 2022도15955)**(*저자편집)**.

[1] 다가구용 단독주택이나 다세대주택·연립주택·아파트와 같은 **공동주택 내부의 엘리베이터, 공용계단, 복도 등 공용부분도 그 거주자들의 사실상 주거의 평온을 보호할 필요성이 있으므로 주거침입죄의 객체인 '사람의 주거'에 해당한다. 거주자가 아닌 외부인이 공동주택의 공용부분에 출입**한 것이 공동주

택 거주자들에 대한 **주거침입에 해당하는지를 판단할** 때에도 **공용부분이 일반 공중에 출입이 허용된 공간이 아니고 주거로 사용되는 각 가구 또는 세대의 전유부분에 필수적으로 부속하는 부분으로서 거주자들 또는 관리자에 의하여 외부인의 출입에 대한 통제·관리가 예정되어 있어 거주자들의 사실상 주거의 평온을 보호할 필요성이 있는 부분인지**, 공동주택의 거주자들이나 관리자가 평소 외부인이 그곳에 출입하는 것을 통제·관리하였는지 등의 사정과 **외부인의 출입 목적 및 경위, 출입의 태양과 출입한 시간 등을 종합적으로 고려하여 '주거의 사실상 평온상태가 침해되었는지'의 관점에서 객관적·외형적으로 판단하여야** 한다.

[2] 피고인이 甲이 거주하는 빌라 건물의 공동현관문을 열고 들어가 5층 계단까지 침입한 후 공업용 접착제를 흡입함으로써 甲의 주거지에 침입하였다는 공소사실로 기소된 사안에서, 위 건물은 甲을 포함하여 8세대의 입주민들만이 거주하는 다세대주택으로, 건물의 공동현관과 공용계단, 세대별 현관문 앞 공간은 건물 입구에서 공동주택거주자들이 독립적인 주거 생활을 영위하는 각각의 주거공간으로 들어가는 곳이어서, 각 세대의 전유부분에 필수적으로 부속하는 공간인 점, 위 건물은 밖에서 보았을 때 4층으로 된 소규모의 낮은 건물로서 세대별 **전유부분과 공용부분이 상당히 밀착되어 있고 공용부분도 넓지 않은 데다가 엘리베이터 등 별도의 출입방법이 없어, 공용부분에서 벌어지는 상황이 각 세대의 독립된 주거 공간에 영향을 줄 가능성 자체가 아파트 등 다른 공동주택에 비해 더 크다고 볼 수 있는 구조인 점**, 위 건물이 오로지 주거 용도로만 사용되고 있음이 외관상 분명해 보이는 점 등을 종합하면, **피고인의 행위는 甲 등 위 건물에 거주하는 사람들의 '주거의 사실상 평온상태'를 해치는 행위로서 주거침입으로 평가할 수 있다**(주거침입죄 인정)(2024. 6. 27. 선고 2023도16019).

---

② 피고인이 '甲에게 100m 이내로 접근하지 말 것' 등을 명하는 법원의 접근금지가처분 결정이 있는 등 피고인이 甲을 방문하는 것을 甲이 싫어하는 것을 알고있음에도 임의로 甲이 근무하는 사무실 안으로 들어간 경우

[1] **주거침입죄는 사실상 주거의 평온을 보호법익으로** 한다. 주거침입죄의 구성요건적 행위인 침입은 주거침입죄의 보호법익과의 관계에서 해석하여야 하므로, **침입이란 주거의 사실상 평온상태를 해치는 행위태양으로 주거에 들어가는 것을 의미하고, 침입에 해당하는지는 출입 당시 객관적·외형적으로 드러난 행위태양을 기준으로 판단함이 원칙이다**. 이때 거주자의 의사도 고려되지만 주거 등의 형태와 용도·성질, 외부인에 대한 출입의 통제·관리 방식과 상태 등 **출입 당시 상황에 따라 그 정도는 달리 평가될 수 있다**. 사생활 보호의 필요성이 큰 사적 주거, 외부인의 출입이 엄격히 통제 되는 건조물에 거주자나 관리자의 승낙 없이 몰래 들어간 경우 또는 출입 당시 거주자나 관리자가 출입의 금지나 제한을 하였음에도 이를 무시하고 출입한 경우에는 사실상의 평온상태가 침해된 경우로서 침입행위가 될 수 있다.

[2] 피고인이 '甲에게 100m 이내로 접근하지 말 것' 등을 명하는 법원의 접근금지가처분 결정이 있는 등 피고인이 甲을 방문하는 것을 甲이 싫어하는 것을 알고 있음에도 임의로 甲이 근무하는 사무실 안으로 들어감으로써 건조물에 침입하였다는 공소사실로 기소된 사안에서, **법원이 접근금지가처분 결정정본**

에 기하여 피고인에게 '甲의 의사에 반하여 甲에게 100m 이내로 접근하여서는 아니 되고, 甲에게 면담을 요구하여서는 아니 되며, 전화를 걸거나 편지, 문자메시지, 이메일을 보내는 방법으로 甲의 평온한 생활 및 업무를 방해하여서는 아니 된다. 위 각 의무를 위반할 때에는 甲에게 그 위반이 있을 때마다 1회에 10만 원을 지급하라.'는 내용의 **간접강제결정을 고지하였고, 피고인은 위 간접강제결정에서 정한 부작위의무를 위반하여 甲의 사무실에 들어간 사정에 비추어 보면, 피고인이 위 간접강제결정에 반하여 甲이 근무하는 사무실에 출입한 것은 甲의 명시적인 의사에 반하는 행위일 뿐만 아니라, 출입의 금지나 제한을 무시하고 출입한 경우로서 출입 당시 객관적·외형적으로 드러난 행위태양을 기준으로 보더라도 사실상 평온상태가 침해된 것으로 볼 수 있으므로 건조물침입죄가 성립**한다는 이유로, 이와 달리 보아 공소사실을 **무죄로 판단한 원심판결**에 건조물침입죄의 성립에 관한 법리오해의 **잘못**이 있다(2024. 2. 8. 선고 2023도16595).

---

③ 피고인이 예전 여자친구인 甲의 사적 대화 등을 몰래 녹음하거나 현관문에 甲에게 불안감을 불러일으킬 수 있는 문구가 기재된 마스크를 걸어놓거나 甲이 다른 남자와 찍은 사진을 올려놓으려는 의도로 3차례에 걸쳐 야간에 甲이 거주하는 빌라 건물의 공동현관, 계단을 통해 甲의 2층 주거 현관문 앞까지 들어간 경우

[1] 다가구용 단독주택이나 다세대주택·연립주택·아파트와 같은 공동주택 내부의 엘리베이터, 공용 계단, 복도 등 공용 부분도 그 거주자들의 사실상 주거의 평온을 보호할 필요성이 있으므로 주거침입죄의 객체인 '사람의 주거'에 해당한다. 거주자가 아닌 외부인이 공동주택의 공용 부분에 출입한 것이 공동주택 거주자들에 대한 주거침입에 해당하는지를 판단할 때에는 공용 부분이 일반 공중의 출입이 허용된 공간이 아니고 주거로 사용되는 각 가구 또는 세대의 전용 부분에 필수적으로 부속하는 부분으로서 거주자들 또는 관리자에 의하여 외부인의 출입에 대한 통제·관리가 예정되어 있어 거주자들의 사실상 주거의 평온을 보호할 필요성이 있는 부분인지, 공동주택의 거주자들이나 관리자가 평소 외부인이 그곳에 출입하는 것을 통제·관리하였는지 등의 사정과 외부인의 출입 목적 및 경위, 출입의 태양과 출입한 시간 등을 종합적으로 고려하여 '주거의 사실상 평온상태가 침해되었는지'의 관점에서 객관적·외형적으로 판단하여야 한다.

[2] 주거에 들어가는 행위 자체가 거주자의 의사에 반한다는 주관적 사정만으로는 바로 침입에 해당한다고 볼 수 없다. 침입행위에 해당하는지는 종국적으로는 주거의 사실상의 평온상태를 해치는 행위태양인지에 따라 판단되어야 하기 때문이다. 다만 거주자의 의사에 반하는지는 사실상의 평온상태를 해치는 행위태양인지를 평가할 때 **고려할 하나의 요소가 될 수 있다.** 이때 그 고려의 정도는 주거 등의 형태와 용도·성질, 외부인에 대한 출입의 통제·관리 방식과 상태 등 **출입 당시 상황에 따라 달리 평가될 수 있다.**

[3] 피고인이 예전에 사귀다 헤어진 여자친구인 甲의 사적 대화 등을 몰래 녹음하거나 현관문에 甲에게 불안감을 불러일으킬 수 있는 문구가 기재된 마스크를 걸어놓거나 甲이 다른 남자와 찍은 사진을 올려

놓으려는 의도로 3차례에 걸쳐 야간에 甲이 거주하는 빌라 건물의 공동현관, 계단을 통해 甲의 2층 주거 현관문 앞까지 들어간 사안에서, 빌라 건물은 甲을 포함하여 약 10세대의 입주민들이 거주하는 전형적인 다세대주택으로, 피고인이 들어간 공동현관, 공용 계단, 세대별 현관문 앞부분은 형태와 용도·성질에 비추어 거주자들의 확장된 주거공간으로서의 성격이 강하여 외부인의 출입이 일반적으로 허용된다고 보기 어려운 점, 빌라 건물 1층에는 거주자들을 위한 주차장 및 공동현관이 있고, 각 세대에 가려는 사람은 외부에서 주차장을 거쳐 공동현관에 이른 뒤 위층으로 연결된 내부 계단을 통해 각 세대의 현관문에 이르게 되는데, **주차장 천장에 CCTV가 2대 이상 설치되어 있고 그 아래 기둥 벽면에 'CCTV 작동 중', '외부차량 주차금지'라는 문구가 기재된 점, 피고인의 출입 당시 CCTV가 실제로 작동하지는 않았고, 공동현관에 도어락 등 별도의 시정장치가 설치되지 않았으나**, 빌라 건물의 거주자들이나 관리자는 CCTV 설치나 기둥 벽면의 문구를 통하여 외부차량의 무단 주차금지 외에도 주차장 및 이와 연결된 주거공간인 빌라 건물 일체에 대한 외부인의 무단출입을 통제·관리한다는 취지를 대외적으로 **표시**하였다고 평가할 수 있는 점 등을 비롯하여 빌라 건물 공용 부분의 성격, 외부인의 무단출입에 대한 통제·관리 방식과 상태, 피고인과 甲의 관계, 피고인의 출입 목적 및 경위와 출입 시간, 출입행위를전후한 피고인의 행동, 甲의 의사와 행동, 주거공간 무단출입에 관한 사회 통념 등 제반 사정을 종합하면, **피고인은 甲 주거의 사실상 평온상태를 해치는 행위태양으로 빌라 건물에 출입하였다고 볼 여지가** 충분하다는 이유로, 이와 달리 보아 공소사실을 **무죄로** 판단한 원심판결에 **잘못**이 있다(2024. 2. 15. 선고 2023도15164).

---

④ 숙박업소에서 개별 객실을 점유하고 있는 고객에게 퇴거불응죄가 성립할 수 있는 경우

[1] 형법 제319조 제2항의 **퇴거불응죄는 주거나 건조물·방실 등의 사실상 주거의 평온을 보호법익**으로 하는 것으로, **거주자나 관리자·점유자로부터 주거나 건조물·방실 등에서 퇴거요구를 받고도 응하지 아니하면 성립**하는데, 이때 주거 등에 관하여 **거주·관리·점유할 법률상 정당한 권한**을 가지고 있어야만 거주자나 관리자·점유자가 될 수 있는 것은 아니다. 이는 **숙박업자가 고객에게 객실을 제공하여 일시적으로 이를 사용할 수 있도록** 하고 고객으로부터 사용에 따른 대가를 지급받는 **숙박계약이 종료**됨에 따라 **고객이 숙박업소의 관리자 등으로부터 퇴거요구를 받은 경우에도 원칙적으로 같다**.

[2] 다만 **숙박계약에서 숙박업자는 통상적인 임대차계약과는 달리 다수의 고객에게 반복적으로 객실을 제공하여 영업을 영위하고, 객실이라는 공간 외에도 객실 안의 시설이나 서비스를 함께 제공하여 객실 제공 이후에도 필요한 경우 객실에 출입**하기도 하며, 사전에 고객과 사이에 대실기간을 단기간으로 정하여 **대실기간 경과 후에는 고객의 퇴실 및 새로운 고객을 위한 객실 정비를 예정**한다. 이와 같은 **숙박계약의 특수성**을 고려하면, **고객이 개별 객실을 점유**하고 있더라도 숙박업소 및 객실의 구조 및 성격, 고객이 개별 객실을 점유하게 된 경위 및 점유 기간, 퇴실시간의 경과 여부, 숙박업자의 관리

정도, 고객에 대한 퇴거요구의 사유 등에 비추어 **오히려 고객의 개별 객실에 대한 점유가 숙박업자의 전체 숙박업소에 대한 사실상 주거의 평온을 침해하는 것으로 평가할 수 있는 특별한 사정**이 있는 경우에는 **숙박업자가 고객에게 적법하게 퇴거요구를 하였음에도 고객이 응하지 않을 때 퇴거불응죄가 성립**할 수 있다.

[3] **(사실관계)** 가) 피고인은 2022. 9. 20. 16:00경 피해자 공소외인이 운영하는 모텔(이하 '이 사건 모텔') 301호실(이하 '이 사건 객실')에 투숙하면서 선불로 1일 숙박요금 4만원을 지급하였다. 입실 시 약속한 퇴실시간은 이튿날 오후 12시였다. 나) 이 사건 모텔은 3층 건물로 1층 입구를 통해 들어가 안내실에서 계산을 한 후 복도 등을 통하여 배정된 객실로 들어가는 구조로, 이 사건 객실 외에도 다른 객실이 다수 존재하였다. 다) 피고인은 투숙일 다음 날인 2022. 9. 21. 이 사건 객실에서 소란을 피웠고, 피해자는 다른 객실 투숙객으로부터 항의를 받게 되자 같은 날 11:11경 투숙객이 시비를 한다는 내용으로 112에 신고를 하고, 피고인에게도 퇴실시간이 12:00임을 알렸다. 라) 경찰관들이 11:14경 이 사건 모텔에 출동하였고, 피해자는 12:00경 출동한 경찰관들과 함께 다시 피고인에게 퇴실시간이 되었음을 이유로 이 사건 객실에서 퇴실할 것을 요구하였으나, 피고인은 '여기는 범죄현장이다. 국과수를 불러달라. 내가 피해자인데 내가 왜 나가냐? 니들이 경찰이냐?'라고 말하는 등 횡설수설하면서 이 사건 객실에서 나가지 않았다. 마) 경찰관들은 같은 날 14:50경 피고인을 퇴거불응죄의 현행범으로 체포하였다.

[4] 이러한 사실관계에 의하여 인정할 수 있는 아래의 사정들을 앞서 본 법리에 비추어 살펴보면, **피고인이 피해자의 퇴거요청에도 불구하고 퇴실시간으로부터 상당한 시간이 지나도록 퇴거하지 않아 퇴거불응죄가 성립한다고 봄이 타당**하다. 가) 피고인은 다수의 객실이 존재하는 숙박업소에서 퇴실시간이 정해진 단기간 숙박을 예정하여 그에 따른 대금만을 지불하였고, 퇴거요구를 받기 전까지 이 사건 객실을 점유한 시간은 채 하루에 이르지 않는다. 나) 게다가 **피고인은 소란을 피워 피해자로 하여금 다른 손님들로부터 항의를 받도록 하였다. 이 사건 모텔 전부를 관리하는 피해자로서는 객실 관리의 필요성**이 매우 컸다. 다) 이에 경찰이 출동하였고 **피해자로부터 퇴거요구를 받고 퇴거 준비를 위한 충분한 시간이 경과**하였다. 원심의 위와 같은 판단은 정당하다(2023. 12. 14. 선고 2023도9350).

[13] 재산죄의 기초(친족상도례 등)
[14] 절도의 죄

① 야간주거침입절도죄가 성립하기 위해서는 야간에 주거침입 당시 절도의 고의가 있어야 하는지 여부(적극)

[1] 형법 **제330조의 야간주거침입절도죄는 야간에 이루어지는 주거침입행위의 위험성에 주목하여** 그러

한 행위를 수반한 절도를 가중처벌하는 것으로서, 야간에 타인의 재물을 절취할 목적으로 사람의 주거에 침입한 경우에는 주거침입 단계에서 이미 야간주거침입절도죄의 실행에 착수한 것이라고 보아야 한다.
[2] 야간주거침입절도죄는 주거침입죄와 절도죄의 결합범으로서 시간적으로 주거침입행위가 선행되는 것이므로 그 실행의 착수시점인 주거침입이 이루어질 때 절도의 고의가 있어야 한다. 야간에 주거침입행위가 있은 후 비로소 절도의 고의가 생겼다면 주거침입죄와 절도죄의 경합범이 될 수 있을지언정 야간주거침입절도죄는 성립하지 않는다.
[3] 피고인이 야간에 주점 내부로 침입하여 피해자 소유의 현금을 몰래 가져가 절취하였다는 야간주거침입절도 등으로 기소된 사안으로, 피고인은 주거침입 당시에는 절도의 고의가 없어 야간주거침입절도죄가 성립하지 않는다고 주장한 경우, 원심은 주거침입과 절도가 모두 야간에 이루어진 이상 절도의 고의가 언제 생겼는지를 불문하고 야간주거침입절도죄가 성립한다고 판단하였다.
[4] 그러나 대법원은 위와 같은 법리를 설시하면서, 원심이 야간주거침입절도죄의 고의에 관한 법리를 오해한 잘못이 있으나, 증거에 의하면 야간에 주거침입이 이루어질 때 피고인에게 절도의 고의가 있었음이 인정되므로 판결에 영향을 미친 잘못이 없다고 보아, 원심의 결론을 수긍하여 상고를 기각하였다 (2022도5573).

[15] 강도의 죄
[16] 사기의 죄

① 갤럭시 폴드3 되팔이 사건

[1] 사기죄의 요건으로서의 기망은 널리 재산상의 거래관계에 있어 서로 지켜야 할 신의와 성실의 의무를 저버리는 모든 적극적 또는 소극적 행위를 말하는 것으로서, 반드시 법률행위의 중요부분에 관한 것임을 요하지 않고, 상대방을 착오에 빠지게 하여 행위자가 희망하는 재산적 처분행위를 하도록 하기 위한 판단의 기초 사실에 관한 것이면 충분하며, 어떤 행위가 다른 사람을 착오에 빠지게 한 기망행위에 해당하는가의 여부는 거래의 상황, 상대방의 지식, 경험, 직업 등 행위 당시의 구체적 사정을 고려하여 일반적·객관적으로 판단하여야 한다.
[2] 한편 재물편취를 내용으로 하는 사기죄에 있어서는 기망으로 인한 재물교부가 있으면 그 자체로써 피해자의 재산침해가 되어 이로써 곧 사기죄가 성립하는 것이고, 상당한 대가가 지급되었다거나 피해자의 전체 재산상에 손해가 없다 하여도 사기죄의 성립에는 그 영향이 없다.
[3] (공소사실) 피고인은 광주 서구에 있는 '(업체명)'에서 피해자에게 지인으로부터 일시적으로 빌린 '삼성 갤럭시 폴드3'을 마치 자신의 휴대전화인 것처럼 말하면서 '휴대전화를 새로 선물 받아서 기존에 사용하던 기기를 판매하겠다.'고 기망하여 피해자로부터 피고인 명의의 농협은행 계좌로 120만 원을

송금받아 그 판매대금을 편취하였다.
[4] 1) **피해자는 이 사건 휴대폰을 되팔기 위하여 매수**하였다. 피고인에게 이 사건 휴대폰에 대한 적법한 처분권한이 있다는 사실은 피해자가 이 사건 휴대폰을 매수하는 데 판단의 기초가 되는 사실에 해당한다. 이 사건 휴대폰이 처분권한이 없는 피고인에 의하여 임의로 처분되는 것이어서 분실·도난 신고가 될 경우 이를 **되파는 것이 현실적으로 어려울 수 있다는 사실을 알았더라면**, 피해자는 이 사건 **휴대폰을 매수하지 않았을 것으로 보인다.** 2) **피해자가 이 사건 휴대폰을 매수한 후 계속하여 점유**하고 있더라도, 이는 피해자가 분실·도난 신고된 **휴대폰을 팔 수 없어 휴대폰에 대한 권리를 제대로 행사하지 못하게 된 결과**이지, 권리 행사에 장애가 없는 **완전한 소유권을 취득하였기 때문이라고 보기는 어렵다.** 피고인이 자신 소유가 아닌 이 사건 휴대폰을 자신 소유인 것처럼 말하며 매도하였기 때문에 **피해자는 사실상 되팔 수 없는 휴대폰을 매수**하게 되었으므로, 선의취득 가능성만을 들어 피해자의 소유권 취득 그 밖의 권리실현에 장애가 없다거나 피해자에게 재산상의 손해가 발생하지 않았다고 할 수도 **없다**(사기죄 인정)(2024. 2. 29. 선고 2023도18024).

---

② 소송당사자들이 조정절차를 통해 원만한 타협점을 찾는 과정에서 다소간의 허위나 과장이 섞인 언행을 한 경우, 이러한 언행이 사기죄에서 말하는 기망행위에 해당하는지 여부(한정 소극)

[1] 소송사기는 법원을 속여 자기에게 유리한 판결을 얻음으로써 상대방의 재물 또는 재산상 이익을 취**득하는 범죄**로서, 이를 쉽사리 유죄로 인정하게 되면 누구든지 자기에게 유리한 주장을 하고 소송을 통하여 권리구제를 받을 수 있는 **민사재판제도의 위축**을 가져올 수밖에 없다. 이러한 위험성은 당사자 간 합의에 의하여 소송절차를 원만하게 마무리하는 **민사조정에서도 마찬가지로** 존재한다. 따라서 **피고인이 범행을 인정한 경우 외에는** 소송절차나 조정절차에서 행한 주장이 사실과 다름이 객관적으로 명백하고 피고인이 그 주장이 명백히 거짓인 것을 인식하였거나 증거를 조작하려고 하였음이 인정되는 때와 같이 범죄가 성립하는 것이 명백한 경우가 아니면 이를 유죄로 인정하여서는 **안** 된다.
[2] **소송당사자들은 조정절차를 통해 원만한 타협점**을 찾는 과정에서 자신에게 유리한 결과를 얻기 위하여 노력하고, 그 과정에서 **다소간의 허위나 과장이 섞인 언행을 하는 경우도 있다. 이러한 언행이 일반 거래관행과 신의칙에 비추어 허용될 수 있는 범위내라면 사기죄에서 말하는 기망행위에 해당한다고 볼 수는 없다.**
[3] **통상의 조정절차**에서는 조정채무 불이행에 대한 제재수단뿐만 아니라 소송비용의 처리 문제나 **청구취지에 포함되지 않은 다른 잠재적 분쟁에 관한 합의내용도 포함**될 수 있고, 소송절차를 단축시켜 집행권원을 신속히 확보하기 위한 목적에서 조정이 성립되는 경우도 있다. **소송당사자가 조정에 합의한 것은 이러한 부수적 사정에 따른 이해득실을 모두 고려한 이성적 판단의 결과로 보아야 하고, 변호사 등 소송대리인이 조정절차에 참여하여 조정이 성립한 경우에는 더욱 그러하다.**
[4] 따라서 **조정에 따른 이행의무를 부담하는 피고가 조정성립 이후 청구원인에 관한 주된 조정채무를

제때 이행하지 않았다는 사정만으로 원고에게 신의칙상 주의의무를 다하지 아니하였다거나 조정성립과 상당인과관계 있는 손해가 발생하였다고 쉽사리 단정하여서는 아니 된다(2024. 1. 25. 선고 2020도10330).

③ **소송비용액확정결정을 신청 하는 당사자가 소명자료 등을 조작하거나 허위의 소명자료 등을 제출함이 없이 단지 실제 사실과 다른 비용액에 관한 주장만 하는 경우, 사기죄의 성립 여부(원칙적 소극)**

[1] 소송비용부담의 재판은 소송비용상환의무의 존재를 확정하고 그 지급을 명하는 데 그치고, **구체적인 소송비용의 액수는** 민사소송법 제110조 제1항에 의한 **소송비용액확정결정을 통하여 확정**되며, 소송비용의 상환을 구하는 자는 소송비용액확정결정에 집행문을 부여받아 그 확정된 소송비용액에 관하여 강제집행을 할 수 있는바, **허위 내용으로 법원을 기망하여 자기에게 유리한 소송비용액확정결정을 받는 행위는 사기죄를 구성할 수 있다.**

[2] 한편 소송비용액확정결정을 신청할 때에는 **비용계산서, 그 등본과 비용액을 소명하는 데 필요한 서면을 제출하여야** 하므로(민사소송법 제110조 제2항), **당사자가 단순히 실제 사실과 다른 비용액에 관한 주장만 한 경우를 사기죄로 인정하는 것에는 신중하여야** 한다. 소송비용 중 당사자 등이 소송 기타 절차를 수행하기 위하여 **법원에 납부하는 인지액 및 민사예납금 등 이른바 '재판비용'은 관할법원이 스스로 보존하고 있는 재판서 및 소송기록 등에 의하여 계산할 것이 예정되어 있고, 당사자가 소송 등 수행을 위하여 제3자에게 직접 지출하는 이른바 '당사자비용'은 신청인이 반드시 소명하여야** 하므로, 소명자료 등을 조작하거나 허위의 소명자료 등을 제출함이 없이 단지 실제 사실과 다른 비용액에 관한 주장만 하는 경우에는 특별한 사정이 없는 한 **법원을 기망하였다고 단정하기 어렵기** 때문이다.

[3] 피고인 1은 이 사건 각 **소송비용액확정신청서에 첨부한 소송비용액계산서에 '변호사비: 5,000,000원'이라고 기재**하였으나 이 사건 **각 가처분사건에서 변호사를 선임한 적이 없었던 사실**, 피고인 1은 이 사건 각 소송비용액확정신청서를 제출하면서 **기왕에 납부한 인지대, 송달료에 관한 영수증은 소명자료로 제출**하였으나, **변호사비용에 관하여는 아무런 소명자료를 제출하지 않은 사실**을 알 수 있다. 위와 같은 사실관계를 앞서 본 법리에 비추어 살펴보면, **피고인 1이 이 사건 각 가처분사건에서 변호사를 선임한 적이 없음에도** 이 사건 **각 소송비용액확정신청을 하면서 소송 비용액계산서의 비용항목에 사실과 다르게 변호사비용을 기재하기는 하였으나** 이와 관련하여 **소명자료 등을 조작하거나 허위의 소명자료를 제출하지는 않았**는바, 이를 사기죄의 기망행위라고 단정할 수 없다(2024. 6. 27. 선고 2021도2340).

[17] 공갈의 죄

① 성폭력범죄 피해를 입었다고 주장하면서 피해자에게 합의금을 요구하는 과정에서 이루어진 언행이 공갈죄를 구성하는 해악의 고지에 해당하는지에 관한 판단 기준

[1] 이 사건 공소사실은 피고인이 피해자로부터 이 사건 모텔에서 준강간상해죄의 피해를 입었다고 주장하며 피해자에게 합의금을 요구하는 과정에서 발생한 것이었고, 피고인은 그로부터 며칠 후 피해자를 준강간상해죄로 고소하였다. 따라서 피고인이 합의금을 요구하면서 피해자에게 한 말이 공갈죄를 구성하는 해악의 고지에 해당하는지 판단하기 위해서는 먼저 피고인의 이러한 언행이 피고인이 주장하는 준강간상해죄에 대한 형사소송법 상 **고소권의 행사**와 관련하여 이루어진 것인지 또는 당시 피고인에게 준강간상해죄의 피해자라는 인식이 있었는지 여부가 중요하다. 피고인의 이 사건 발언이 범죄피해자의 고소권 행사에 수반하여 이루어진 것으로서 **정당한 권리자에 의하여 권리실행의 수단으로서 사용된 것**으로 인정될 여지가 있다면, 그것이 **권리남용**에 이를 정도의 것이라는 등의 특별한 사정이 없는 한 공갈죄를 구성할 수 없게 되기 때문이다.

[2] 무고죄의 판단에서 성폭행 등의 피해를 입었다는 신고사실에 관하여 불기소처분이나 무죄판결이 내려졌다고 하여 **신고 내용을 허위라고 단정하여서는 아니 된다는 법리**는 공갈죄 성립과 관련하여 정당한 권리 실현의 수단 내지 방법에 해당하는지 여부를 판단할 때에도 동일한 기준으로 적용되어야 한다. 따라서 성폭력 피해를 입었다고 주장하는 사람이 특정인을 가해자로 지목하며 합의금을 주지 않으면 불이익을 끼칠 것과 같은 언동을 하고 나아가 그 사람을 수사기관에 고소한 경우, 가해자로 지목된 사람(피고소인)의 성폭력범죄 성립이 증명되지 않는다고 하여 바로 성폭력 피해를 입었다고 주장하는 사람이 합의금과 관련하여 한 위와 같은 언동이나 고소행위가 정당한 권리자에 의하여 권리실행의 수단으로서 사용된 것이 아니라고 쉽사리 단정하여서는 안된다. 나아가 고소인의 그러한 언행이 공갈죄를 구성하는 해악의 고지에 당연히 해당하게 되는 것은 아니다.

[3] 피고인이 피해자를 성범죄로 고소한 것과 관련하여 피고인과 피해자의 주장에 부합하는 증거가 각각 제출되었고 그것들이 함부로 배척하기 어려운 나름의 합리성을 갖춘 상황이라면, 증명책임의 원칙상 유죄의 증명을 다하지 못하였다는 이유로 해당 고소사실에 대하여 불기소처분 내지 무죄라는 판단이 내려질 수 있고, 동시에 피고인이 **고소권의 행사** 과정에서 피해자에게 합의금을 주지 않으면 불이익을 끼칠 것처럼 해악의 고지를 한 것이 공갈죄를 구성하는지에 대하여도 증명책임의 원칙상 유죄의 증명이 부족하다고 보아 무죄 판단이 내려질 수 있다. 즉, 피고인의 고소사실에 대하여 성범죄 피해자로서의 피고인의 진술의 신빙성이 배척되었다고 하여, 이러한 사정을 피고인에 대한 위 공갈죄 판단에서 피고인의 진술을 배척하고 유죄의 근거로 삼는 것은 **사실상 피고인의 유죄를 추정**하는 것이나 다름없는 결과를 가져와 정의와 형평의 이념에 입각한 **논리와 경험의 법칙**에 따른 증거판단이라고 볼 수 없다.

[4] 피고인이 피해자와 모텔에 투숙하는 과정에서 피해자로부터 준강간상해의 피해를 입게 되었다고 형사고소를 하였으나 **불송치(혐의없음)** 결정되었는데, 고소 제기 전 피고인이 피해자에게 준강간상해 피해를 주장하면서 "나에게 합의금 5,000만 원을 주면 조용히 끝내겠다. 합의금을 안 주면 남자친구인 김○이 너를 어떻게 할지 모른다. 김○이 칼을 품고 다닌다. 칼부림이 난다. 김○이 술 먹으면 눈깔 돌

아가는 것이다."라고 말하는(이하 '이 사건 발언') 등으로 **해악을 고지하고 피해자에게 5,000만 원 상당 합의금을 요구하였으나 피해자가 이에 응하지 않아 미수에 그쳤다는 공갈미수로 기소**된 사안이다.

[5] 대법원은 위와 같은 법리를 설시하면서, ① 피고인의 이 사건 발언은 준강간상해죄에 대한 고소권 행사와 관련하여 이루어진 것으로 당시 피고인에게 준강간상해죄의 피해자라는 인식이 있었다고 판단되고, ② 피고인이 피해자를 준강간상해죄로 고소한 사건에서 수사기관은 증거 불충분을 이유로 혐의없음의 불송치 결정을 하였는데, 그렇다고 하여 피해자의 준강간상해 혐의에 관하여 무죄가 확정된 것이 아님에도 원심이 준강간상해죄의 성립과 관련하여 이를 부인하는 피해자 진술의 신빙성이 인정된다는 이유만으로 만연히 성관계를 비롯한 성적 접촉에 관한 동의나 합의가 있었다고 단정하고 이를 바탕으로 **이 사건 발언이 공갈죄를 구성하는 해악의 고지라고 판단한 것은 공갈죄에서의 유죄인정의 증명책임에 반하며**, ③ 피고인으로서는 준강간상해의 범죄 피해자로서 자신을 인식하며 피해자를 고소하기에 이르는 일련의 과정에서 합의금을 요구한 것이므로, 그 과정에서 자신이 입은 피해나 주변 상황 등에 대한 **다소의 과장이나 강조**가 있다고 하여 이를 섣불리 **사회통념상 허용되는 정도를 넘는 권리의 행사라거나 권리남용이라고 단정하기 어렵다**(2024도3794).

[18] 횡령의 죄

① 종중명의신탁과 횡령죄

갑 종중은 그 소유인 을 토지를 병 등 5인에게 명의신탁하였고, 병 사망 후 병에게 명의신탁되어 있던 을 토지 5분의 1 지분 중 3분의 1 지분(을 토지 중 15분의 1 지분)이 병의 외손녀인 피고인에게 상속을 원인으로 소유권이전등기가 되었는데, **피고인이 자신의 명의로 등기된 을 토지 지분을 정, 무, 기에게 각 매도하는 내용의 매매계약을 체결한 후 소유권이전등기를 마쳐줌으로써 갑 종중 소유인 을 토지 중 15분의 1 지분을 횡령하였다는 내용으로 기소**된 사안에서, 갑 종중과 피고인 사이에 제기된 민사소송 및 그 결과는 피고인이 위 각 매매계약을 체결한 이후에 발생한 사정에 불과하여, **민사 확정판결에 따라 사후적으로 갑 종중의 존재 및 을 토지가 갑 종중 소유로서 병 등 5인에게 명의신탁된 것이라는 점이 사실로 인정되었더라도, 그것이 곧 피고인에 대한 횡령의 고의 및 불법영득의사를 뒷받침하는 간접사실에 해당하는 것은 아닌 점** 등 제반 사정을 종합하면, **피고인이 정, 무, 기와 각 매매계약을 체결할 당시 을 토지가 갑 종중 소유로서 명의신탁된 것이라는 점을 알았다고 단정하기 어렵다**는 이유로, 이와 달리 보아 피고인에게 **유죄를 인정한 원심판결에 잘못**이 있다(2023. 11. 2. 선고 2022도16137).

[19] 배임의 죄

① 지입차주와 배임죄의 주체

[1] 배임죄는 타인의 사무를 처리하는 자가 그 임무에 위배하는 행위로써 재산상의 이익을 취득하거나 제3자로 하여금 이를 취득하게 하여 사무의 주체인 타인에게 손해를 가할 때 성립하는 것이므로 그 범죄의 주체는 타인의 사무를 처리하는 지위에 있어야 한다. 여기에서 '타인의 사무를 처리하는 자'라고 하려면, 타인의 재산관리에 관한 사무의 전부 또는 일부를 타인을 위하여 대행하는 경우와 같이 당사자 관계의 전형적·본질적 내용이 통상의 계약에서의 이익대립관계를 넘어서 그들 사이의 신임관계에 기초하여 타인의 재산을 보호 또는 관리하는 데에 있어야 한다. 이익대립관계에 있는 통상의 계약관계에서 채무자의 성실한 급부이행에 의해 상대방이 계약상 권리의 만족 내지 채권의 실현이라는 이익을 얻게 되는 관계에 있다거나, 계약을 이행함에 있어 상대방을 보호하거나 배려할 부수적인 의무가 있다는 것만으로는 채무자를 타인의 사무를 처리하는 자라고 할 수 없고, 위임 등과 같이 계약의 전형적·본질적인 급부의 내용이 상대방의 재산상 사무를 일정한 권한을 가지고 맡아 처리하는 경우에 해당하여야 한다.

[2] 지입차주가 자신이 실질적으로 소유하거나 처분권한을 가지는 자동차에 관하여 지입회사와 지입계약을 체결함으로써 지입회사에 자동차의 소유권등록 명의를 신탁하고 운송사업용 자동차로서 등록 및 유지 관련 사무의 대행을 위임한 경우에는, 특별한 사정이 없는 한 지입회사 측이 지입차주의 실질적 재산인 지입차량에 관한 재산상 사무를 일정한 권한을 가지고 맡아 처리하는 것으로서 당사자 관계의 전형적·본질적 내용이 통상의 계약에서의 이익대립관계를 넘어서 그들 사이의 신임관계에 기초하여 타인의 재산을 보호 또는 관리하는 데에 있으므로, 지입회사 운영자는 지입차주와의 관계에서 '타인의 사무를 처리하는 자'의 지위에 있다고 할 것이나, 지입차주가 지입회사로부터 할부로 지입회사 소유의 자동차를 매수하면서 해당 자동차에 관하여 지입계약을 체결한 경우에는 특별한 사정이 없는 한 **지입차주가 그 할부대금을 완납하기 전까지는 지입차량을 지입차주의 실질적 재산이라고 보기 어려우므로, 지입계약이 체결되었다는 사실만으로 곧바로 지입회사 운영자가** 지입차주와의 관계에서 지입차량에 관한 재산상 사무를 맡아 처리하는 '타인의 사무를 처리하는 자'의 지위에 있다고 보기 어렵다(2024. 11. 14. 선고 2024도13000).

② 배임수재죄에 있어서의 '부정한 청탁'

[1] 배임수재죄에 있어서의 '부정한 청탁'이라 함은 청탁이 사회상규와 신의성실의 원칙에 반하는 것을

말하고, 이를 판단함에 있어서는 청탁의 내용, 이에 관련되어 취득한 재물이나 재산상 이익의 종류·액수 및 형식, 재산상 이익 제공의 방법과 태양, 보호법익인 거래의 청렴성 등을 종합적으로 고찰하여야 하며, 그 청탁이 반드시 명시적일 필요는 없고 묵시적으로 이루어지더라도 무방하다.

[2] **언론사 논설주간이던 피고인이 기업 대표이사로부터 우호적인 여론 형성에 도움을 달라는 취지의 부정한 청탁**을 받고 유럽여행 비용 등을 제공받았다는 이유로 배임수재죄 등으로 기소된 경우, ① **피고인이 언론사 논설주간 및 경제 분야 칼럼니스트로서 기업에 대한 여론 형성에 영향력을 행사할 수 있는 지위**에 있었던 점, ② 배임증재자와 피고인 사이에 일방적으로 거액의 재산상 이익을 공여할 정도의 개인적 친분관계나 거래관계가 없었던 점, ③ **피고인이 취득한 8박 9일 동안의 유럽여행 비용 약 3,973만 원은 지나치게 이례적인 거액의 재산상 이익**인 점, ④ 배임증재자가 대표이사로 있던 기업은 당시 조선업계에서 상당한 비중을 차지하던 거대 기업으로 언제든지 영업이익 등 경영 실적은 물론 운영구조, 채용방식 등도 언론 보도, 평론 등의 대상이 될 수 있는 상황이었고, **실제 그 무렵 국민주 공모방식 매각 방안, 고졸 채용정책 등에 관한 칼럼, 사실 등이 적지 않게 게재되고 있었던 점** 등에 비추어 보면, 배임증재자는 물론 피고인도 언론사 논설주간 사무를 이용한 우호적 여론 형성에 관한 청탁의 대가라는 점에 대한 인식과 양해 하에 약 3,973만 원 상당의 유럽여행 비용을 주고받았다고 **보아야** 하고, 청탁의 내용이 명시되지 않았더라도 묵시적 의사표시에 의한 청탁이 있었다고 **평가되어야** 하며, 이와 같이 언론인이 평론의 대상이 되는 특정인 내지 특정 기업으로부터 경제적 이익을 제공받으면서 우호적 여론 형성 등에 관한 청탁을 받는 것은 **언론의 공정성, 객관성, 언론인의 청렴성, 불가매수성에 대한 공공의 신뢰를 저버리는 것**일뿐더러, 그로 인하여 해당 언론사가 주의, 경고, 과징금 부과 등 제재조치를 받을 수 있다는 점에서 **사회상규 또는 신의성실의 원칙에 반하는 배임수재죄의 부정한 청탁에 해당**한다(배임수재죄 인정)(2020도1263).

[20] 장물의 죄
[21] 손괴의 죄

① 환경운동가들이 석탄화력발전소 건설에 문제를 제기하기 위하여 글씨 모양 조형물에 녹색 수성스프레이를 분사한 행위가 재물손괴에 해당하는지

[1] 형법 제366조의 **재물손괴죄는 타인의 재물을 손괴 또는 은닉하거나 기타의 방법으로 효용을 해하는 경우에 성립**한다. 여기에서 **재물의 효용을 해한다고 함은 사실상으로나 감정상으로 재물을 본래의 사용 목적에 제공할 수 없는 상태로 만드는 것**을 말하고, 일시적으로 이용할 수 없는 상태로 만드는 것도 포함한다.

[2] 구조물 등에 낙서를 하는 행위가 구조물 등의 효용을 해하는 것인지는, 해당 구조물 등의 용도와 **기능**, 낙서 행위가 구조물 등의 본래 사용 목적이나 기능에 미치는 영향, 구조물 등의 미관을 해치는 정도, **구조물 등의 이용자들이 느끼는 불쾌감과 저항감**, 원상회복의 난이도와 거기에 드는 비용, 낙서 행위의 목적과 시간적 계속성, 행위 당시의 상황 등 **제반 사정을 종합하여 사회통념에 따라 판단하여야** 한다.

[3] 환경활동가인 피고인들이 A 회사의 베트남 석탄화력발전소 건설에 문제를 제기하기 위하여 **회사명 조형물**(이하 '이 사건 조형물')에 수성스프레이를 분사하여 이를 손괴하였다는 재물손괴 등으로 기소된 경우, 이 사건 조형물의 용도와 기능, 이 사건 조형물의 용도와 기능 및 미관을 해치는 정도와 그 시간적 계속성, 원상회복의 난이도와 비용, 이 사건 조형물 이용자들이 느끼는 불쾌감과 저항감 등을 종합적으로 고려하면, **피고인들이 이 사건 조형물의 효용을 해하였다고 보기 어렵다**(2023도5885).

[22] 권리행사를 방해하는 죄
[23] 공안을 해하는 죄
[24] 방화와 실화의 죄
[25] 교통방해의 죄
[26] 통화에 관한 죄
[27] 유가증권 등에 관한 죄
[28] 문서에 관한 죄

---

① 사문서위조 및 동행사죄의 객체인 사문서 중 '권리·의무에 관한 문서'와 '사실증명에 관한 문서'의 의미

[1] 〈허무인 명의 서명부 작성 사건〉 사문서위조 및 동행사죄의 객체인 사문서는 권리·의무 또는 사실증명에 관한 타인의 문서 또는 도화를 가리키고, '권리·의무에 관한 문서'는 권리 또는 의무의 발생·변경·소멸에 관한 사항이 기재된 것을 말하며, '사실증명에 관한 문서'는 권리·의무에 관한 문서 이외의 문서로서 거래상 중요한 사실을 증명하는 문서를 의미한다.

[2] '거래상 중요한 사실을 증명하는 문서'는 법률관계의 발생·존속·변경·소멸의 전후 과정을 증명하는 것이 주된 취지인 문서뿐만 아니라 **법률관계에 간접적으로만 연관된 의사표시 또는 권리·의무의 변동에 사실상으로만 영향을 줄 수 있는 의사표시를 내용으로 하는 문서도 포함될 수 있지만**, 문서의 주된 취지가 단순히 개인적·집단적 의견의 표현에 불과한 것이어서는 아니 되고, 적어도 실체법 또는 절차법에

서 정한 구체적인 권리·의무와의 관련성이 인정되는 경우이어야 한다.

[3] '거래상 중요한 사실을 증명하는 문서'에 해당하는지 여부는 문서 제목만을 고려할 것이 아니라 문서 내용과 더불어 문서 작성자의 의도, 문서가 작성된 객관적인 상황, 문서에 적시된 사항과 그 행사가 예정된 상대방과의 관계 등을 종합적으로 고려하여 판단하여야 한다.

[4] 원심은, ① 피고인은 2022. 3. 9. 실시된 제20대 대통령선거를 앞두고 특정 후보자에 대한 지지선언 형식의 기자회견을 위하여 서명부 양식을 작성하여 최소 목표치인 1만 명으로부터 서명을 받기 위해 노력했으나 별다른 성과가 없자 총 315명의 허무인 명의로 서명부 21장을 임의로 작성한 사실, ② 위 서명부는 피고인이 근무하던 회사 사무실에 비치되어 서명을 받은 서명부와 마찬가지로 '특정 후보자 지지 1만인 선언'의 제목과 내용으로 작성된 것으로, 피고인은 서명부의 서명표 중 회사이름·지역란에 허무인 315명의 회사이름·지역을 기재한 사실, ③ 한편 피고인은 당초 목표하였던 1만 명의 서명 달성이 어렵게 되자 목표한 기자회견을 개최하지 않았고, 피고인이 위 서명부를 이용하여 특정 후보자에 대한 지지선언을 위한 기자회견 외에 다른 목적의 행사를 계획하였다고 볼 만한 사정은 없는 사실 등을 인정한 다음, **피고인이 허무인 명의로 작성한 이 사건 서명부 21장은 형법상 사문서위조의 객체가 되는 '문서'라고 보기 어렵다고 보았다.** 원심판결 이유를 살펴보면, **피고인이 허무인 명의로 작성한 이 사건 서명부 21장은 주된 취지가 특정한 대통령후보자에 대한 정치적인 지지 의사를 집단적 형태로 표현하고자 한 것일 뿐, 실체법 또는 절차법에서 정한 구체적인 권리·의무에 관한 문서 내지 거래상 중요한 사실을 증명하는 문서에 해당한다고 보기 어려우**므로, 원심의 판단에 잘못이 없다(2024. 1. 4. 선고 2023도1178)(*저자편집).

[29] 인장에 관한 죄

① 형법상 인장에 관한 죄에서 인장과 기호의 의미 및 형법 제238조의 공기호에 해당하기 위한 요건

[1] 〈검찰업무표장 주차표지판 사건〉 형법상 인장에 관한 죄에서 **인장은 사람의 동일성을 표시하기 위하여 사용하는 일정한 상형**을 의미하고, **기호는 물건에 압날하여 사람의 인격상 동일성 이외의 일정한 사항을 증명하는 부호**를 의미한다. 그리고 형법 제238조의 **공기호는 해당 부호를 공무원 또는 공무소가 사용하는 것만으로는 부족하고, 그 부호를 통하여 증명을 하는 사항이 구체적으로 특정되어 있고 해당 사항은 그 부호에 의하여 증명이 이루어질 것이 요구**된다.

[2] 피고인이 온라인 구매사이트에서 ① 검찰 업무표장(에서 '검찰'을 제외한 부분) 아래 '검찰

PROSECUTION SERVICE'라고 기재하고 그 아래 피고인의 전화번호를 기재한 주차표지판 1개, ② 검찰 업무표장(||||)아래 '검찰 PROSECUTION OFFICE'라고 기재하고 그 아래 피고인의 차량번호를 표시한 표지판 1개, ③ 검찰 업무표장(||||)아래 '검찰 PROSECUTION SERVICE'라고 기재하고 그 아래 '공무수행'이라고 표시한 표지판 1개를 주문하여 배송받음으로써 행사할 목적으로 공기호인 검찰청 업무표장을 각각 위조하고, 이를 자신의 승용차에 부착하고 다님으로써 위조된 공기호인 검찰청업무표장을 행사하였다는 공소사실로 기소된 사안에서, 위 각 표지판에 사용된 검찰 업무표장은 검찰수사, 공판, 형의 집행부터 대외 홍보 등 검찰청의 업무 전반 또는 검찰청 업무와의 관련성을 나타내기 위한 것으로 보일 뿐, 이것이 부착된 차량은 '검찰공무수행 차량'이라는 것을 증명하는 기능이 있다는 등 이를 통하여 증명을 하는 사항이 구체적으로 특정되어 있다거나 그 사항이 이러한 검찰 업무표장에 의하여 증명된다고 볼 근거가 없고, 일반인들이 위 각 표지판이 부착된 차량을 '검찰 공무수행 차량'으로 오인할 수 있다고 해도 위 각 검찰 업무표장이 위와 같은 증명적 기능을 갖추지 못한 이상, 이를 공기호라고 볼 수 없음에도, 이와 달리 보아 **공소사실을 유죄로 인정한 원심판단에 법리오해 등의 잘못**이 있다(2024. 1. 4. 선고 2023도11313).

[30] 성풍속에 관한 죄

① 성명불상자에게 지인의 얼굴과 나체사진이 합성된 음란한 사진 파일 제작을 의뢰하고(음화제조교사), 지하철 등지에서 여고생들을 불법촬영(성폭력처벌법 위반) 등을 한 사건

[1] (공소사실) 〈가. 음화제조교사〉 피고인은 지인의 얼굴과 나체사진이 합성된 음란한 사진(이하 '음란합성사진')을 얻고자 음란합성사진 제작자인 성명불상자에게 피해자 공소외 1(여, 20세)의 사진과 이름, 나이, 주소 등을 제공하고 "합성 부탁드립니다."라고 하였다. 그리하여 위 성명불상자는 그 무렵 피해자의 얼굴이 합성된 음란합성사진 파일을 제조하고, 피고인에게 완성된 음란합성사진 파일을 전송하였다. 피고인은 그때부터 2017. 11. 15.까지 사이에 **17회에 걸쳐 성명불상자로 하여금 공연히 전시할 목적으로 음란한 물건을 제조하도록** 하였다.
〈나. '정보통신망법' 위반(명예훼손)〉 피고인은 위 성명불상자에게 피해자 공소외 2(여, 22세)의 사진과 이름 등을 보내 음란합성사진 제작을 의뢰하면서, '공소외 2 ○○살 ○○구 ○○동 거주 뒹굴고 싶어서 일부러 동남아만 돌아다니는 사람입니다.'라는 메시지를 전송함으로써 비방할 목적으로 공공연하게 거짓의 사실을 드러내어 피해자의 명예를 훼손하였다.

〈다. '성폭력처벌법' 위반(카메라등이용촬영)〉 피고인은 2016. 7. 14.경 지하철 전동차 안에서 성명불상의 피해자가 밤색 교복치마를 입고 서 있는 것을 발견하고 소지하고 있던 피고인 소유의 휴대전화(이하 '이 사건 휴대전화')에 설치된 무음카메라 어플을 이용하여 피해자의 다리를 몰래 촬영하였다. 피고인은 그때부터 2017. 11. 6.까지 지하철, 학원 강의실 등지에서 원심 판시 별지 범죄일람표 기재와 같이 6회에 걸쳐 카메라 기능을 갖춘 기계장치를 이용하여 성적 수치심을 유발할 수 있는 피해자들의 신체를 그 의사에 반하여 촬영하였다.

[2] 형법 제243조(음화반포등)는 음란한 문서, 도화, 필름 기타 물건을 반포, 판매 또는 임대하거나 공연히 전시 또는 상영한 자에 대한 처벌 규정으로서 컴퓨터 프로그램파일은 위 규정에서 규정하고 있는 문서, 도화, 필름 기타 물건에 해당한다고 할 수 없다(대법원 1999. 2. 24. 선고 98도3140 판결 참조). 이는 형법 제243조의 행위에 공할 목적으로 음란한 물건을 제조, 소지, 수입 또는 수출한 자를 처벌하는 규정인 형법 제244조(음화제조등)의 '음란한 물건'의 해석에도 그대로 적용된다.

[3] 위 법리에 의하면, 피고인이 성명불상자에게 제작을 의뢰하여 전송받은 음란합성사진 파일은 형법 제244조의 '음란한 물건'에 해당한다고 볼 수 없다. 따라서 원심판결 중 음화제조교사 부분은 파기를 면할 수 없다.

[4] (수사과정 인정사실) 가) 피고인은 2017. 12. 21. 23:30경 저녁 모임 도중 이 사건 휴대전화를 분실하였다. 성명불상자는 이 사건 휴대전화를 습득하고 주인을 찾기 위해 휴대전화 안의 메시지 등을 확인하던 중 음란합성사진 일부를 확인하였고, 2017. 12. 22. 17:00경 이 사건 휴대전화를 피해자 공소외 3에게 건네주었다. 나) 피해자 공소외 3 등은 2017. 12. 23. 피고인을 경찰에 고소하면서 이 사건 휴대전화를 증거물로 임의제출하였고, 사법경찰관은 같은 날 14:00경 위 휴대전화를 피해자 공소외 3으로부터 영장 없이 압수하였다. 당시 압수조서(임의제출)에 의하면 '피고인에 대한 음화제조 피의사건에 관하여 이 사건 휴대전화를 압수한다. 피해자 공소외 3이 자신을 포함한 친구들의 음란합성사진들이 많이 있었다고 하면서 위 휴대전화를 임의제출하였다.'라는 취지로 기재되어 있었다. 한편 사법경찰관은 이 사건 휴대전화를 압수하면서 피해자 공소외 3에게 위 휴대전화에 저장된 사진 등 전자정보 전부를 제출하는 취지인지 등 제출 범위에 관한 의사를 따로 확인하지는 않았다. 다) 사법경찰관은 피해자 공소외 3으로부터 참여권 포기 서류를 제출받은 후 2018. 1. 19. 디지털포렌식 과정을 거쳐 이 사건 휴대전화에서 삭제된 전자정보 일체를 복원하였고, 2018. 2. 23. 복원된 전자정보를 탐색하는 과정에서 제1심 판시 별지1 범죄일람표 기재 피해자들에 대한 음란합성사진을 탐색·출력하여 증거기록에 편철하였으며, 나아가 원심 판시 별지 범죄일람표 기재 여고생들에 대한 불법촬영사진도 탐색하였다. 그럼에도 사법경찰관은 위 불법촬영사진에 관한 별도의 압수·수색영장을 발부받지 않은 채 피고인에 대하여 두 차례 피의자신문을 실시하는 등 수사를 진행하였다. 라) 그리고 사법경찰관은 이 사건 휴대전화를 압수한 후 삭제된 전자정보를 복원하고 그 정보를 탐색·출력하는 과정에서, 피고인에게 참여의 기회를 보장하거나 압수한 전자정보 목록을 교부하거나 또는 피고인이 그 과정에 참여하지 아니할 의사를 가지고 있는지 여부를 확인한 바가 없다. 마) 이후 피고인이 군입대하여 제23보병사단 보통검찰부로 사건이 송치되었다. 군검사는 2018. 11. 2. 피고인을 피의자로 하여 성폭력처벌법 위반(카메라등이용촬영)을 혐의사실로 이 사건 휴대전화 내 전자정보 등에 관한 사전 압수·수색영장(이하 '이 사건 영장')을 발부받았다. 군검사는 2018. 11. 12. 이 사건 휴대전화를 제출인인 피해자 공소외 3 측에 환부

하였고, 피해자 공소외 3의 모친은 이 사건 휴대전화를 피고인이 소속된 군부대로 발송하였다. 바) 군검사는 2018. 11. 15. 이 사건 영장에 의하여 위 휴대전화를 압수한 다음 재차 디지털포렌식 절차를 진행하여 원심 판시 별지 범죄일람표 기재 여고생들에 대한 불법촬영사진을 탐색·복원·출력하였다. 피고인 및 변호인은 군검사의 위 탐색 등 절차에 대한 참여권을 포기하였다. 사) 군검사는 2019. 1. 17. 피고인을 이 사건 공소사실로 기소하였고, 경찰 수사과정에서 수집된 제1심 판시 별지1 범죄일람표 기재 피해자들에 대한 음란합성사진 출력물 및 군검사 수사과정에서 수집된 원심 판시 별지 범죄일람표 기재 여고생들에 대한 불법촬영사진 출력물, 시디(CD)를 증거로 제출하였다.

[5] 피해자 등 제3자가 피의자의 소유·관리에 속하는 정보저장매체를 임의제출한 경우에는 실질적 피압수자인 피의자가 수사기관으로 하여금 그 전자정보 전부를 무제한 탐색하는 데 동의한 것으로 보기 어려울 뿐만 아니라 피의자 스스로 임의제출한 경우 피의자의 참여권 등이 보장되어야 하는 것과 견주어 보더라도 특별한 사정이 없는 한 피의자에게 참여권을 보장하고 압수한 전자정보 목록을 교부하는 등 피의자의 절차적 권리를 보장하기 위한 적절한 조치가 이루어져야 한다(2016도348 전합).

[6] 이와 같이 정보저장매체를 임의제출한 피압수자에 더하여 임의제출자 아닌 피의자에게도 참여권이 보장되어야 하는 '피의자의 소유·관리에 속하는 정보저장매체'라 함은, 피의자가 압수·수색 당시 또는 이와 시간적으로 근접한 시기까지 해당 정보저장매체를 현실적으로 지배·관리하면서 그 정보저장매체 내 전자정보 전반에 관한 전속적인 관리처분권을 보유·행사하고, 달리 이를 자신의 의사에 따라 제3자에게 양도하거나 포기하지 아니한 경우로서, 피의자를 그 정보저장매체에 저장된 전자정보 전반에 대한 실질적인 압수·수색 당사자로 평가할 수 있는 경우를 말하는 것이다. 이에 해당하는지 여부는 민사법상 권리의 귀속에 따른 법률적·사후적 판단이 아니라 압수·수색 당시 외형적·객관적으로 인식 가능한 사실상의 상태를 기준으로 판단하여야 한다(2021도11170, 2022도7453 전합).

[7] 한편 형사소송법 제308조의2(군사법원법 제359조의2)는 "적법한 절차에 따르지 아니하고 수집한 증거는 증거로 할 수 없다."라고 규정하고 있는바, 수사기관이 헌법과 형사소송법이 정한 절차에 따르지 아니하고 수집한 증거는 물론, 이를 기초로 하여 획득한 2차적 증거 역시 유죄 인정의 증거로 삼을 수 없는 것이 원칙이다. 법원이 2차적 증거의 증거능력 인정 여부를 최종적으로 판단할 때에는 먼저 절차에 따르지 아니한 1차적 증거 수집과 관련된 모든 사정들, 즉 절차 조항의 취지와 그 위반의 내용 및 정도, 구체적인 위반 경위와 회피가능성, 절차 조항이 보호하고자 하는 권리 또는 법익의 성질과 침해 정도 및 피고인과의 관련성, 절차 위반행위와 증거수집 사이의 인과관계 등 관련성의 정도, 수사기관의 인식과 의도 등을 살펴야 한다. 나아가 1차적 증거를 기초로 하여 다시 2차적 증거를 수집하는 과정에서 추가로 발생한 모든 사정들까지 구체적인 사안에 따라 주로 인과관계 희석 또는 단절 여부를 중심으로 전체적·종합적으로 고려하여야 한다(2008도11437, 2013도7101).

[8] (1) 피고인은 피해자 공소외 3이 이 사건 휴대전화를 임의제출한 시점과 시간적으로 근접한 시기까지 위 휴대전화를 현실적으로 지배·관리하면서 휴대전화 내 전자정보 전반에 관한 전속적인 관리처분권을 보유·행사하였고, 달리 이를 자신의 의사에 따라 제3자에게 양도하거나 포기하지 않았다. 따라서 이 사건 휴대전화에 저장된 전자정보 전반에 관하여 피고인을 실질적 압수·수색 당사자로 평가할 수 있으므로, 임의제출자가 아닌 피고인에 대하여도 참여권 등 절차적인 권리가 보장되어야 한다. 그럼에도 사법경찰관은 피고인에게 참여권을 보장하거나 전자정보 압수목록을 교부하는 등 절차적인 권리를 보호

하기 위한 적절한 조치를 취하지 않은 채 이 부분 공소사실에 관한 전자정보를 탐색하는 등 압수·수색 절차를 진행하였는바, 사법경찰관의 이러한 조치는 위법하다. (2) 이러한 전제에서 **음화제조교사 부분**에 관하여 살펴보면, 군검사가 제출한 증거들 중 사법경찰관이 임의로 탐색·복제·출력한 전자정보인 제1심 판시 별지1 범죄일람표 기재 피해자들에 대한 음란합성사진 출력물은 위법하게 수집된 증거로서 증거능력이 없다. (3) 다음으로 **성폭력처벌법 위반(카메라등이용촬영) 부분**에 관하여 살펴보면, 군검사는 이후 이 사건 영장에 의하여 압수된 이 사건 휴대전화에서 디지털포렌식 결과 탐색·복제·출력한 전자정보인 원심 판시 별지 범죄일람표 기재 여고생들에 대한 불법 촬영사진 출력물, 시디(CD)를 증거로 제출하였는바, 선행 절차위법과 사이에 **인과관계가 희석 내지 단절되는지 문제**된다. (4) 앞서 본 바와 같이 **사법경찰관은 피고인의 참여권 등 절차적인 권리를 전혀 보장하지 않은 채** 이 사건 휴대전화에 저장된 성폭력처벌법 위반(카메라등이용촬영) 관련 전자정보를 탐색·복원하였고, 별도의 압수·수색영장을 발부받지 않고 여고생들에 대한 불법촬영 부분을 포함하여 피고인에 대하여 두 차례 피의자신문을 실시하는 등 수사를 진행하였다. 이후 사건이 군검사에게 송치되었는데 **군검사는 이 사건 휴대전화를 피해자 측에 환부한 후 다시 제출받아 이 사건 영장에 따라 불법촬영사진을 탐색하기는 하였으나**, 이는 군검사가 피해자에게 위 휴대전화를 환부하기 이전에 미리 이 사건 영장을 발부받은 다음 위 휴대전화를 피해자에게 환부하고, 휴대전화가 피해자 측을 거쳐 피고인이 소속된 군부대에 도착하자 이 사건 영장을 집행하여 다시 위 불법촬영사진을 탐색·복원·출력한 것에 불과하다. 따라서 군검사의 증거수집과 사법경찰관의 선행 절차위법 사이에는 여전히 직접적 인과관계가 있다고 볼 수 있고 그 인과관계가 희석되거나 단절되었다고 보기는 어려우며, 결국 위 불법촬영사진 출력물, 시디(CD) 역시 위법하게 수집된 증거로서 증거능력이 없다.

[9] (**객관적 관련성**) 임의제출된 정보저장매체에서 압수의 대상이 되는 전자정보의 범위를 초과하여 수사기관 임의로 전자정보를 탐색·복제·출력하는 것은 원칙적으로 위법한 압수·수색에 해당하므로 허용될 수 없다. 만약 **전자정보에 대한 압수·수색이 종료되기 전에 범죄혐의사실과 관련된 전자정보를 적법하게 탐색하는 과정에서 별도의 범죄혐의와 관련된 전자정보를 우연히 발견**한 경우라면, 수사기관은 더 이상의 추가 탐색을 중단하고 법원으로부터 별도의 범죄혐의에 대한 압수·수색영장을 발부받은 경우에 한하여 그러한 정보에 대하여도 적법하게 압수·수색을 할 수 있다(2016도348 전합).

[10] 앞서 본 사실관계를 위 법리에 비추어 살펴본다. 피고인이 지하철, 학원 등지에서 성명불상의 여고생들을 몰래 촬영한 사진은 임의제출에 따른 압수의 동기가 된 범죄혐의사실인 음화제조교사 부분과 구체적·개별적 연관관계 있는 전자정보로 보기 어렵다. 그런데 사법경찰관은 별도의 범죄혐의와 관련된 전자정보를 우연히 발견하였음에도 더 이상의 추가 탐색을 중단하거나 법원으로부터 압수·수색영장을 발부받지 않았으므로, 그러한 정보에 대한 압수·수색은 위법하다. 그리고 군검사가 약 9개월 이후 이 사건 영장을 발부받아 디지털포렌식 절차를 진행하여 무관증거인 불법촬영사진을 탐색·복원·출력하였더라도, 앞서 본 법리에 비추어 볼 때 위 증거수집과 선행 절차위법 사이에 인과관계가 희석되거나 단절되었다고 보기는 어렵다. 그렇다면 위 불법촬영사진 출력물, 시디(CD)는 이 점에서도 위법하게 수집된 증거로서 증거능력이 없다.

[11] 결국, ① 음란합성사진 파일은 형법 제244조의 '음란한 물건'에 해당한다고 볼 수 없고, ② 피해자가 임의제출한 이 사건 휴대전화 내 전자정보의 탐색 등 과정에서 실질적 피압수자인 피고인의 참여권

이 보장되지 않았고, 전자정보 압수목록이 교부되지 않은 위법이 있으며, ③ 이후 군검사가 이 사건 휴대전화를 피해자 측에 환부한 후 다시 압수수색 영장을 발부받아 압수하였더라도 선행 절차위법 사이에 인과관계가 희석된다고 볼 수 없고, ④ 음화제조교사 부분 혐의사실과 관련성이 없는 성폭력처벌법 위반 불법촬영 사진을 발견하였음에도 추가 탐색을 중단하지 않은 위법이 있음을 이유로 이 사건 휴대전화에서 탐색·복원·출력된 전자정보 및 그에 따른 2차적 증거의 증거능력이 부정된다고 보아, 정보통신망법 위반(명예훼손) 부분을 유죄이지만 원심판결 중 유죄로 인정된 **음화제조교사, 성폭력처벌법 위반(카메라등이용촬영) 부분은 파기(무죄)**되어야 한다(대법원 2023. 12. 14. 선고 2020도1669 판결).

[31] 도박에 관한 죄

① 형법 제248조 제1항에서 정한 '법령에 의하지 아니한 복표'의 의미 및 국내법에 의하여 발행되지 않은 복표의 경우 외국의 법률에 따라 적법하게 발행된 복권이더라도 '법령에 의하지 아니한 복표'에 해당하는지 여부(적극)

[1] 형법 제248조 제1항은 **법령에 의하지 아니한 복표를 발매한 사람을**, 같은 조 제2항은 **제1항의 복표발매를 중개한 사람을 처벌**하도록 규정하고 있다. 여기서 '법령에 의하지 아니한 복표'라 함은 국내법에 의하여 적법하게 발행되지 않은 복표를 말한다. 따라서 국내법에 의하여 발행되지 않은 복표라면 비록 외국의 법률에 따라 적법하게 발행된 복권이더라도 '법령에 의하지 아니한 복표'라고 보아야 한다.
[2] 따라서 이 사건 미국 복권이 국내 법령에 의하지 아니한 복표에 해당한다.
[3] 또한 이 사건 사업에 따른 **미국 복권의 구매대행이 복표발매중개죄의 '중개'에 해당**하고, 이러한 피고인의 행위가 법령에 의하여 죄가 되지 아니하는 것으로 오인함에 정당한 이유가 있었다고 할 수 없다고 보아 **복표발매중개죄가 인정**된다(2023. 10. 26. 선고 2023도2950).

[32] 신앙에 관한 죄
[33] 내란·외환의 죄
[34] 공무원의 직무에 관한 죄(직무유기,공무상비밀누설,직권남용)

① 직권남용권리행사방해죄에서 '직권의 남용'에 해당하는지 판단하는 방법 및 이 때 그 판단의 대상이 검사의 수사권 행사인 경우 함께 고려할 사항(재심개시결정에대한 재항고)

[1] 직권남용권리행사방해죄는 공무원이 일반적 직무권한에 속하는 사항에 관하여 직권을 행사하는 모습으로 실질적, 구체적으로 위법·부당한 행위를 한 경우에 성립한다.
[2] 이때 '직권의 남용'에 해당하는지는 구체적인 공무원의 직무행위가 본래 법령에서 그 직권을 부여한 목적에 따라 이루어졌는지, 직무행위가 행해진 상황에서 볼 때 필요성·상당성이 있는 행위인지, 직권행사가 허용되는 법령상의 요건을 충족했는지 등을 종합하여 판단하여야 한다. 그 판단의 대상이 검사의 수사권 행사라면, 수사는 수사의 목적을 달성할 필요가 있는 경우에 한하여 상당하다고 인정되는 방법에 의하여 이루어져야 한다는 수사원칙과 공익의 대표자로서 실체적 진실에 입각한 국가 형벌권의 실현을 위하여 공소를 제기하고 그 과정에서 피고인의 정당한 이익을 옹호하여야 한다는 검사의 의무도 함께 고려되어야 한다.
[3] 원심은 판시와 같은 이유를 들어, 검사가 피고인 1에 대한 3회 피의자신문 과정에서 자신의 의도대로 진술을 이끌어내기 위하여 피고인 1에게 검사의 생각을 주입하며 유도신문을 하는 등 진술의 임의성을 보장하지 못하고 사회통념상 현저히 합리성을 잃은 신문방법을 사용함으로써 위법하게 수사권을 남용하였다고 판단하였다. 기록에 비추어 살펴보면, 원심의 판단은 위에서 본 법리를 따른 것으로 정당하다(2024. 9. 19. 자 2024모179).

[35] 뇌물죄

① 금품의 수수가 수회에 걸쳐 이루어지고 각 수수 행위별로 직무 관련성 유무를 달리 볼 여지가 있는 경우 및 공무원이 아닌 사람과 공무원이 공모하여 금품을 수수하고 각 수수자가 수수한 금품별로 직무 관련성 유무를 달리 볼 수 있는 경우, 직무 관련성을 판단하는 방법

뇌물죄에서의 수뢰액은 그 많고 적음에 따라 범죄구성요건이 되므로 엄격한 증명의 대상이 된다. 이때 공무원이 수수한 금품에 직무행위에 대한 대가로서의 성질과 직무외의 행위에 대한 대가로서의 성질이 불가분적으로 결합되어 있는 경우에는 그 수수한 금품 전부가 불가분적으로 직무행위에 대한 대가로서의 성질을 가진다. 다만 그 금품의 수수가 수회에 걸쳐 이루어졌고 각 수수 행위별로 직무 관련성 유무를 달리 볼 여지가 있는 경우에는 그 행위마다 직무와의 관련성 여부를 가릴 필요가 있다. 그리고 공

무원이 아닌 사람과 공무원이 공모하여 금품을 수수한 경우에도 각 수수자가 수수한 금품별로 직무 관련성 유무를 달리 볼 수 있다면, 각 금품마다 직무와의 관련성을 따져 뇌물성을 인정하는 것이 책임주의 원칙에 부합한다(2024. 3. 12. 선고 2023도17394).

[36] 공무방해에 관한 죄

① 피고인들 등은 甲 정당 소속 시(市)의회 의원으로서 시의회 의장선거를 앞두고 개최된 甲 정당 의원총회에서 乙을 의장으로 선출하기로 합의한 다음, 합의 내용의 이행을 확보하고 이탈표 발생을 방지하기 위하여 공모에 따라 피고인별로 미리 정해 둔 투표용지의 가상의 구획 안에 '乙'의 이름을 각각 기재하는 방법으로 투표하여 乙이 의장으로 당선되게 함으로써, 무기명·비밀투표 권한을 가진 丙 등 공모하지 않은 의원들의 직무집행을, 투·개표 업무에 관한 감표위원 丁 등의 직무집행을, 무기명투표 원칙에 따라 의장선거를 진행하는 사무국장의 직무집행을 각각 방해하였다는 내용으로 기소된 경우

[1] 위계에 의한 공무집행방해죄에 있어서 위계란 행위자의 행위목적을 이루기 위하여 상대방에게 오인, 착각, 부지를 일으키게 하여 그 오인, 착각, 부지를 이용하는 것을 말하는 것으로 상대방이 이에 따라 그릇된 행위나 처분을 하여야만 이 죄가 성립하는 것이고, 만약 범죄행위가 구체적인 공무집행을 저지하거나 현실적으로 곤란하게 하는 데까지는 이르지 아니하고 미수에 그친 경우에는 위계에 의한 공무집행방해죄로 처벌할 수 없다.

[2] 피고인들 등은 甲 정당 소속 시(市)의회 의원으로서 시의회 의장선거를 앞두고 개최된 甲 정당 의원총회에서 乙을 의장으로 선출하기로 합의한 다음, 합의 내용의 이행을 확보하고 이탈표 발생을 방지하기 위하여 공모에 따라 피고인별로 미리 정해 둔 투표용지의 가상의 구획 안에 '乙'의 이름을 각각 기재하는 방법으로 투표하여 乙이 의장으로 당선되게 함으로써, 무기명·비밀투표 권한을 가진 丙 등 공모하지 않은 의원들의 직무집행을, 투·개표 업무에 관한 감표위원 丁 등의 직무집행을, 무기명투표 원칙에 따라 의장선거를 진행하는 사무국장의 직무집행을 각각 방해하였다는 내용으로 기소된 사안에서, 비밀선거 원칙은 선거인의 의사결정이 타인에게 알려지지 않도록 투표 내용의 비밀을 보장함으로써 선거권 행사로 인한 불이익 발생을 방지하기 위한 원칙으로, 투표과정에서 자유로운 의사결정을 보장함으로써 선거의 민주적·절차적 정당성을 확보하는 데 그 취지가 있는 점, 피고인들 등의 행위로 인하여 피고인들을 비롯한 담합한 의원들 내부적으로는 서로 누가 누구에게 투표하였는지를 알 수 있게 되었으나, 공모하지 않은 의원들의 투표 내용까지 공개된다고 보기는 어려운 점, 공모하지 않은 의원들은 본래의 의도대로 투표를 하였을 뿐 피고인들 등의 행위로 인하여 오인, 착각, 부지를 일으켜 그릇된

처분이나 행위를 하였다고 보이지 않는 점, 나아가 지방 의회 의원 개인들에게 무기명·비밀투표에 의해 의장선거가 이루어지도록 하여야 할 일반적인 직무상 권한이나 의무가 있다고 볼 만한 근거도 없는 점 등을 종합하면, **공소사실 중 감표위원들과 사무국장에 대한 위계에 의한 공무집행방해죄를 인정한 원심 판단은 정당하나, 공모하지 않은 의원들에 대한 위계에 의한 공무집행방해죄를 인정한 원심판단은 받아들이기 어렵다**는 이유로, 이와 달리 보아 **공소사실 전부를 유죄로 인정한 원심판결**에 법리 등을 오해한 **잘못**이 있다(2024. 3. 12. 선고 2023도7760).

② 경범죄 처벌법의 거짓신고와 위계에 의한 공무집행방해죄

[1] **수사기관이 범죄사건을 수사할 때는** 피의자 등의 진술 여하에 불구하고 피의자를 확정하고 그 피의사실을 인정할 만한 **객관적인 모든 증거를 수집·조사하여야 할 권한과 의무가 있다.** 한편 피의자는 **진술거부권과 자기에게 유리한 진술을 할 권리와 유리한 증거를 제출할 권리**를 가질 뿐이고 수사기관에 대하여 **진실만을 진술하여야 할 의무가 있는 것은 아니다.** 따라서 **피의자 등이 수사기관에 대하여 허위사실을 진술**하거나 피의사실 인정에 필요한 증거를 감추고 **허위의 증거를 제출**하였다고 하더라도, 수사기관이 충분한 수사를 하지 아니한 채 이와 같은 허위의 진술과 증거만으로 증거의 수집·조사를 마쳤다면, 이는 **수사기관의 불충분한 수사에 의한 것으로서 피의자 등의 위계에 의하여 수사가 방해되었다고 볼 수 없어 위계에 의한 공무집행방해죄가 성립된다고 할 수 없다.**
[2] 경범죄 처벌법의 **거짓신고로 인한 경범죄 처벌법 위반죄**는 '있지 아니한 범죄나 재해 사실을 공무원에게 거짓으로 신고'하는 경우에 성립하는 범죄이고, 형법 제137조의 위계에 의한 공무집행방해죄는 상대방의 오인, 착각, 부지를 일으키고 이를 이용하는 위계에 의하여 상대방으로 하여금 그릇된 행위나 처분을 하게 함으로써 공무원의 구체적이고 현실적인 직무집행을 방해하는 경우에 성립하는 범죄이다. 전자는 사회공공의 질서유지를 보호법익으로 하는 반면, 후자는 국가기능으로서의 공무 그 자체를 보호법익으로 하는 등 양 죄는 그 **보호법익이나 규율대상 및 구성요건 등을 달리하는 별개의 죄**이다.
[3] 따라서 **경범죄 처벌법에서 정한 거짓신고 행위가 원인이 되어 상대방인 공무원이 범죄가 발생한 것으로 오인하게 만들었고 이로 인하여 공무원이 그러한 사정을 알았더라면 하지 않았을 대응조치를 취하기에 이르렀다면, 이로써 구체적이고 현실적인 공무집행이 방해되어 위계에 의한 공무집행방해죄가 성립**하는 것이지, 그 거짓신고 행위와 결과의 불법성이 경범죄처벌법가 예상한 정도를 현저하게 넘어선 예외적인 경우에 해당하는지 여부에 의하여 위계에 의한 공무집행방해죄의 성립 여부가 좌우된다고 볼 것은 아니다.
[4] **경찰관의 직무에는 국민의 생명·신체 및 재산의 보호, 범죄의 예방, 범죄피해자 보호, 그 밖에 공공의 안녕과 질서 유지 등이 포함된다**(경찰관 직무집행법 제2조). **어떤 사람이 경찰관에게 경범죄 처벌법에서 정한 거짓신고를 하였고, 이에 따라 경찰관이 신고의 거짓 여부를 확인하거나 검토할 여유 없이 국민의 생명·신체 보호 등을 위해서 다른 업무보다 우선하여 긴급하게 현장에 출동하는 등 즉각적

인 대응조치를 취하여야 하는 상황에서 실제로 그러한 대응조치가 이루어졌다면, 특별한 사정이 없는 한 경찰관의 위와 같은 직무에 관하여 위계에 의한 공무집행방해죄가 성립한다고 보아야 한다. 이러한 직무는 경찰관이 수사기관으로서 수행하는 범죄수사에 관한 직무(경찰관 직무집행법 제2조)와 구별되는 것이므로, 그 직무에 관하여 위계로 인한 공무집행방해죄가 성립하는가는 피고인이 수사과정에서 허위진술을 하거나 허위 증거를 제출함으로써 범죄 수사 직무에 관하여 위계에 의한 공무집행방해죄가 성립하는가와 구별하여 살펴보아야 한다(2024. 11. 14. 선고 2024도11629).

[37] 위증과 증거인멸의 죄

① 소송절차가 분리된 공범인 공동피고인이 증언거부권을 고지받았음에도 자기의 범죄사실에 대하여 증언거부권을 행사하지 아니한 채 허위로 진술한 경우, 위증죄가 성립하는지 여부(적극)

[1] 헌법 제12조 제2항은 '모든 국민은 형사상 자기에게 불리한 진술을 강요당하지 아니한다.'고 규정하고 있고, 형사소송법 제283조의2 제1항도 "피고인은 진술하지 아니하거나 개개의 질문에 대하여 진술을 거부할 수 있다."라고 규정하고 있으므로, 공범인 공동피고인은 당해 소송절차에서는 피고인의 지위에 있어 다른 공동피고인에 대한 공소사실에 관하여 증인이 될 수 없으나, 소송절차가 분리되어 피고인의 지위에서 벗어나게 되면 다른 공동피고인에 대한 공소사실에 관하여 증인이 될 수 있다.
[2] 한편 형사소송법 제148조는 피고인의 자기부죄거부특권을 보장하기 위하여 자기가 유죄판결을 받을 사실이 드러날 염려가 있는 증언을 거부할 수 있는 권리를 인정하고 있고, 그와 같은 증언거부권 보장을 위하여 형사소송법 제160조는 재판장이 신문 전에 증언거부권을 고지하여야 한다고 규정하고 있으므로, 소송절차가 분리된 공범인 공동피고인에 대하여 증인적격을 인정하고 그 자신의 범죄사실에 대하여 신문한다 하더라도 피고인으로서의 진술거부권 내지 자기부죄거부특권을 침해한다고 할 수 없다.
[3] 따라서 증인신문절차에서 형사소송법 제160조에 따라 증언거부권이 고지되었음에도 불구하고 위와 같이 증인적격이 인정되는 피고인이 자기의 범죄사실에 대하여 증언거부권을 행사하지 아니한 채 허위로 진술하였다면 위증죄가 성립된다(2024. 2. 29. 선고 2023도7528).

[38] 도주와 범인은닉의 죄

① 법원이 선고기일에 피고인에 대하여 실형을 선고하면서 구속영장을 발부하는 경우, 검사가 법정에 재정하여 법원으로부터 구속영장을 전달받아 집행을 지휘하고, 그에 따라 피고인 대기실로 인치된 피고인이 도주죄의 주체인 '법률에 의하여 체포 또는 구금된 자'에 해당하는지 여부(원칙적 적극)

[1] 법원이 선고기일에 피고인에 대하여 실형을 선고하면서 구속영장을 발부하는 경우 검사가 법정에 재정하여 법원으로부터 구속영장을 전달받아 집행을 지휘하고, 그에 따라 피고인이 피고인 대기실로 인치되었다면 다른 특별한 사정이 없는 한 피고인은 형법 제145조 제1항의 '법률에 의하여 체포 또는 구금된 자'에 해당한다.

[2] 그 이유는 다음과 같다. (가) 형사소송법은 재판의 집행 일반에 관하여 재판의 성질상 법원 또는 법관이 지휘할 경우를 제외하면 재판을 한 법원에 대응한 검찰청 검사가 지휘한다고 정하면서 (제460조 제1항), 구속영장(제81조 제1항 본문, 제209조), 체포영장(제81조 제1항 본문, 제200조의6), 압수·수색·검증영장(제115조 제1항 본문, 제219조)의 집행 등에 관하여도 검사의 지휘에 의하여 집행한다고 규정하고 있다. 따라서 검사가 법정에서 법원으로부터 구속영장을 전달받아 교도관 등으로 하여금 피고인을 인치하도록 하였다면 집행절차가 적법하게 개시되었다고 볼 수 있다. (나) 구속영장의 집행을 통하여 최종적으로 피고인에 대한 신병을 인계받아 구금을 담당하는 교도관이 법정에서 곧바로 피고인에 대한 신병을 확보하였다면 구속의 목적이 적법하게 달성된 것으로 볼 수 있다. (다) 구속영장 발부, 구속영장 집행, 구금 등 모든 과정이 공개된 법정 및 법관의 면전에서 이루어졌다면 특별한 사정이 없는 한, 피고인의 방어권이나 절차적 권리 및 신체의 자유가 침해될 만한 위법이 있다고 평가하기 어렵다.

[3] 피고인은 서울남부지방법원 형사법정에서 준강제추행죄 등으로 징역 1년 6개월을 선고받고 구속영장에 의해 법정구속되어 구속 피고인 대기실로 인치된 상태에서 구치소 교도관이 피고인에게 인적사항을 확인하던 중, 갑자기 구속 피고인 대기실 출입문을 열고 법정으로 뛰어 들어가 법정 출입문 방향으로 뛰어가 도주하려고 하였으나, 당시 법정 내에서 다른 수용자를 계호하고 있던 교도관들에 의해 검거되었다. 이로써 피고인은 법률에 의하여 체포된 후 도주하려 하였으나 그 뜻을 이루지 못하고 미수에 그친 경우, 피고인에게 도주미수죄가 성립한다(2023. 12. 28. 선고 2020도12586).

---

② 범인이 타인으로 하여금 허위 자백을 하게 하는 등으로 범인도피죄를 범하게 하는 행위와 같이 방어권의 남용으로 볼 수 있을 경우, 범인도피교사죄에 해당하는지 여부(적극) 및 이때 방어권 남용 여부의 판단 기준

[1] 형법 제151조가 정한 범인도피죄에서 '도피하게 하는 행위'란 은닉 이외의 방법으로 범인에 대한 수사, 재판 및 형의 집행 등 형사사법의 작용을 곤란하게 하거나 불가능하게 하는 일체의 행위를 말한다.

[2] 한편 범인 스스로 도피하는 행위는 처벌되지 않으므로, 범인이 도피를 위하여 타인에게 도움을 요청하는 행위 역시 도피행위의 범주에 속하는 한 처벌되지 않으며, 범인의 요청에 응하여 범인을 도운

타인의 행위가 범인도피죄에 해당하더라도 마찬가지이다. 다만 범인이 타인으로 하여금 허위의 자백을 하게 하는 등으로 범인도피죄를 범하게 하는 경우와 같이 방어권의 남용으로 볼 수 있을 때에는 범인도피교사죄에 해당할 수 있다. 이 경우 방어권의 남용이라고 볼 수 있는지는, 범인을 도피하게 하는 것이라고 지목된 행위의 태양과 내용, 범인과 행위자의 관계, 행위 당시의 구체적인 상황, 형사사법의 작용에 영향을 미칠 수 있는 위험성의 정도 등을 종합하여 판단하여야 할 것이다.

[3] (사실관계) 가) 공소외 2는 수사기관에서 피고인 1과 10대 후반부터 알고 지낸 친구 사이이고, 피고인 2와는 20대 후반부터 알게 되었으며, 2021. 10.경 출소한 이후 피고인들과 자주 만나 어울려 놀았다고 진술하였다. 나) 공소외 2는 피고인들의 부탁을 받고 평소 알고 지내던 동생인 공소외 3을 통하여 피고인들이 은닉할 수 있는 오피스텔에 관한 임대차계약을 체결하여 주고 피고인들이 그곳에 머무를 수 있도록 하였다. 다) 공소외 2, 공소외 3은 피고인들이 한곳에 오래 머물러 체포될 것을 우려하자 다른 오피스텔에 관한 임대차계약을 체결하여 주고 승용차 2대를 이용하여 피고인들이 새로운 은닉처로 이사하는 것을 도와주었다.

[4] 그러므로 피고인들이 수사를 피하기 위하여 친구 공소외 2나 공소외 2를 통하여 공소외 3에게 요청하여 은신처를 제공받고 그들이 운전하는 승용차를 타고 다른 은신처로 이동한 행위는 통상적 도피의 범주로 볼 여지가 충분하여 방어권을 남용하였다고 단정하기 어렵다. 가) 행위자들은 친분관계 때문에 피고인들을 도와준 것으로 보이고 조직적인 범죄단체를 갖추고 있다거나 도피를 위한 인적, 물적 시설을 미리 구비한 것은 아니었다. 나) 증거가 발견된 시기에 도피했다거나 도피생활이 120일간 지속되었다는 것, 수사상황을 공유하고 대책을 논의하였던 것, 변호인을 선임하려고 했다는 것, 일부 물건을 은폐하려고 했다는 것 등은 통상적인 도피행위 범주에 포함된다. 따라서 범인도피교사죄를 인정한 원심은 잘못이 있다(2023. 10. 26. 선고 2023도9560).

---

③ 생부(生父)가 인지하지 않은 혼인외 출생자가 벌금 이상의 형에 해당하는 죄를 범한 생부를 도피하게 한 경우 형법 제151조 제2항을 유추적용할 수 있는지

[1] 형법 제151조 제2항은 친족, 동거의 가족이 본인을 위하여 범인도피죄를 범한 때에는 처벌하지 아니한다고 규정하고 있는데, 여기서의 친족은 민법이 정한 법률상의 친족을 말한다. 혼인외 출생자의 경우 모자관계는 인지를 요하지 아니하고 법률상의 친자관계가 인정될 수 있지만, 부자관계는 부의 인지에 의하여만 법률상 친자관계가 발생한다. 따라서 혼인외 출생자가 벌금 이상의 형에 해당하는 죄를 범한 자신의 생부(生父)를 도피하게 하더라도 생부가 혼인외 출생자를 인지하지 않은 경우에는 생부와 혼인외 출생자 사이에 법률상 친자관계가 발생하지 않으므로 혼인외 출생자의 행위에 대하여 형법 제151조 제2항을 적용할 수 없다.

[2] 형법 제151조 제2항은 벌금 이상의 형에 해당하는 죄를 범한 자(본인)와 범인도피 행위를 한 자(행위자) 사이의 구체적·개별적 관계나 상황을 가리지 않고 '친족 또는 동거가족'에 해당하기만 하면 일

률적으로 처벌하지 아니한다고 정함으로써 그 적용범위를 명확히 한정하였다. 입법자는 형법 제151조 제2항을 통해 '친족 또는 동거가족'에 한하여만 '처벌하지 아니하겠다'는 의사를 분명히 한 것으로 볼 수 있다. 한편 법률의 유추적용은 법률의 흠결을 보충하는 것으로서 법적 규율이 없는 사안에 대하여 그와 유사한 사안에 관한 법규범을 적용하는 것인데, 형법 제151조 제2항의 적용범위에 관하여 어떤 법률의 흠결이 있다고 볼 수도 없다. 따라서 형법 제151조 제2항의 적용에 따른 처벌·불처벌의 결과는 오롯이 '친족 또는 동거가족 여부'에 따라 결정되어야 하고, 본인과 행위자 사이의 구체적·개별적 관계나 상황을 따져 적법행위에 대한 기대불가능성 유무에 따라 형법 제151조 제2항을 유추적용하는 것은 허용될 수 없다고 보아야 한다. 유추적용을 허용할 경우 입법자가 명확하게 설정한 형법 제151조 제2항의 적용범위가 확장되어 입법자의 의도에 반하게 되고, 유추적용의 기준이 불분명하여 법적 안정성이나 예측가능성이 저해되며, 이로 인하여 형사처벌의 불균형이라는 부당한 결과가 발생할 수도 있다. 그러므로 생부가 인지하지 않아 법률상 친자관계가 발생하지 않은 경우에는 비록 생부와 혼인외 출생자 사이의 자연적 혈연관계로 말미암아 도피시키지 않을 것을 기대하기 어려운 경우가 있다고 하더라도 형법 제151조 제2항을 유추적용할 수는 없다(범인도피죄 인정)(2022도10272).

[39] 무고의 죄

① 성폭행 등의 피해자가 하는 진술의 증명력을 판단할 때 고려할 사항

[1] 무고죄는 타인으로 하여금 형사처분이나 징계처분을 받게 할 목적으로 신고한 사실이 객관적인 진실에 반하는 허위사실인 경우에 성립하는 범죄이므로, 신고한 사실이 객관적 진실에 반하는 허위사실이라는 요건은 적극적 증명이 있어야 하고 신고사실의 진실성을 인정할 수 없다는 소극적 증명만으로 곧 그 신고사실이 객관적 진실에 반하는 허위의 사실이라 단정하여 무고죄의 성립을 인정할 수는 없으며, 신고내용 중 일부 객관적 진실에 반하는 내용이 포함되어 있다고 하더라도 그것이 범죄의 성부에 영향을 미치는 중요한 부분이 아니고 단지 신고사실의 정황을 과장하는 데 불과하다면 무고죄는 성립하지 않는다. 또한 객관적 사실관계를 그대로 신고한 이상 그러한 사실관계를 토대로 한 나름대로의 주관적 법률평가를 잘못하고 이를 신고하였다고 하여 그 사실만 가지고 허위의 사실을 신고한 것에 해당한다고 할 수는 없다.
[2] 성폭행이나 성희롱 사건의 피해자가 피해사실을 알리고 문제를 삼는 과정에서 오히려 피해자가 부정적인 여론이나 불이익한 처우 및 신분 노출의 피해 등을 입기도 하여 온 점 등에 비추어 보면, 성폭행 피해자의 대처 양상은 피해자의 성정이나 가해자와의 관계 및 구체적인 상황에 따라 다르게 나타날 수밖에 없다. 따라서 개별적, 구체적인 사건에서 성폭행 등의 피해자가 처하여 있는 특별한 사정

을 충분히 고려하지 않은 채 피해자 진술의 증명력을 가볍게 배척하는 것은 정의와 형평의 이념에 입각하여 **논리와 경험의 법칙**에 따른 증거판단이라고 볼 수 없다.

[3] 위와 같은 법리는, 피해자임을 주장하는 사람이 성폭행 등의 피해를 입었다고 신고한 사실에 대하여 증거불충분 등을 이유로 불기소처분되거나 무죄판결이 선고된 경우 반대로 **이러한 신고내용이 객관적 사실에 반하여 무고죄가 성립하는지를 판단할 때에도 마찬가지로** 고려되어야 한다. 따라서 개별적, 구체적인 사건에서 **피해자임을 주장하는 사람이 처하였던 특별한 사정을 충분히 고려하지 아니한 채 진정한 피해자라면 마땅히 이렇게 하였을 것이라는 기준을 내세워 성폭행 등의 피해를 입었다는 점 및 신고에 이르게 된 경위 등에 관한 변소를 쉽게 배척하여서는 아니** 된다(2024. 5. 30. 선고 2021도2656).

② 무고죄를 범한 자가 재판확정 전에 범행을 자백하여 필요적 감면사유가 인정되는지

[1] 형법 제157조, 제153조는 **무고죄를 범한 자가 그 신고한 사건의 재판 또는 징계처분이 확정되기 전에 자백 또는 자수**한 때에는 그 형을 감경 또는 면제한다고 하여 이러한 **재판확정 전의 자백을 필요적 감경 또는 면제사유**로 정하고 있다. 위와 같은 자백의 절차에 관해서는 아무런 법령상의 제한이 없으므로 그가 신고한 사건을 다루는 기관에 대한 고백이나 그 사건을 다루는 재판부에 증인으로 다시 출석하여 전에 그가 한 신고가 허위의 사실이었음을 고백하는 것은 물론 무고 사건의 피고인 또는 피의자로서 법원이나 수사기관에서의 신문에 의한 고백 또한 자백의 개념에 포함된다. 그리고 형법 제153조에서 정한 '재판이 확정되기 전'에는 피고인의 고소사건 수사 결과 피고인의 무고 혐의가 밝혀져 피고인에 대한 공소가 제기되고 피고소인에 대해서는 불기소결정이 내려져 **재판절차가 개시되지 않은 경우도 포함**된다.

[2] 피고인이 수사기관에 직접 허위 진술하거나 공범으로 하여금 허위 진술하게 하였다는 무고로 기소된 경우, 피무고인에 대한 공소가 제기되어 그 재판이 확정되었음을 알 수 있는 자료가 없고, 피고인이 원심에서 자백을 하였으므로, 원심으로서는 피고인이 무고한 사건의 재판이 확정되었는지를 심리해 보고 그 재판이 확정된 바 없다면 형법 제157조, 제153조에 의한 형의 필요적 감면조치를 하였어야 한다(2024도7400).

[40] 특별형법 등 기타 판례

① 금원 편취를 내용으로 하는 사기죄에서 대가가 일부 지급된 경우, 그 편취액(= 교부받은 금원 전부) 및 이는 사기로 인한 특정경제범죄 가중처벌 등에 관한 법률 위반죄에서도 마찬가지인지 여부(적극)

[1] 금원 편취를 내용으로 하는 사기죄에 있어서는 기망으로 인한 금원 교부가 있으면 그 자체로써 피해자의 재산침해가 되어 바로 사기죄가 성립하고, 상당한 대가가 지급 되었다거나 피해자의 전체 재산상에 손해가 없다 하여도 사기죄의 성립에는 영향이 없으므로 사기죄에 있어서 그 대가가 일부 지급된 경우에도 편취액은 피해자로부터 교부된 금원으로부터 그 대가를 공제한 차액이 아니라 교부받은 금원 전부이고, 이는 사기로 인한 '특정경제범죄법' 위반죄에 있어서도 마찬가지다.

[2] 그러나 다른 한편으로, 사기로 인한 특정경제범죄법 위반죄는 편취한 재물이나 재산상 이익의 가액이 5억 원 이상 또는 50억 원 이상인 것이 범죄구성요건의 일부로 되어 있고 가액에 따라 그 죄에 대한 형벌도 가중되어 있으므로, 이를 적용할 때에는 편취한 재물이나 재산상 이익의 가액을 엄격하고 신중하게 산정함으로써 범죄와 형벌 사이에 적정한 균형이 이루어져야 한다는 죄형균형 원칙이나 형벌은 책임에 기초하고 그 책임에 비례하여야 한다는 책임주의 원칙이 훼손되지 않도록 유의하여야 한다.

[3] 그리고 그 이익의 가액을 구체적으로 산정할 수 없는 경우에는 재산상 이익의 가액을 기준으로 가중 처벌하는 특정경제범죄법 제3조를 적용할 수 없다(2024. 4. 25. 선고 2023도18971).

---

② 타인의 인터넷 구글 계정이 로그인 되어 있는 상태를 이용하여 구글 계정 사진첩에 들어가는 행위가 정보통신망 침입에 해당하는지 여부가 문제된 사건

[1] '정보통신망법' 제48조 제1항은 "누구든지 정당한 접근권한 없이 또는 허용된 접근권한을 넘어 정보통신망에 침입하여서는 아니 된다."고 정하고 있고, 같은 법 제71조 제1항 제9호는 이를 위반한 자를 처벌하도록 규정하였다.

[2] 정보통신망법 제48조 제1항은 '정당한 접근권한 없이 또는 허용된 접근권한을 초과하여 정보통신망에 침입'하는 행위를 금지하고 있으므로, 정보통신망법은 그 보호조치에 대한 침해나 훼손이 수반되지 않더라도 부정한 방법으로 타인의 식별부호를 이용하거나 보호조치에 따른 제한을 면할 수 있게 하는 부정한 명령을 입력하는 등의 방법으로 침입하는 행위도 금지한다고 보아야 한다. 위 규정은 정보통신망 자체의 안정성과 그 정보의 신뢰성을 보호하기 위한 것이므로, 위 규정에서 접근권한을 부여하거나 허용되는 범위를 설정하는 주체는 서비스제공자이고 따라서 서비스제공자로부터 권한을 부여받은 이용자가 아닌 제3자가 정보통신망에 접속한 경우 그에게 접근권한이 있는지 여부는 서비스제공자가 부여한 접근권한을 기준으로 판단하여야 한다.

[3] 피고인이 배우자가 피고인과 다툰 후 가출한 상태에서 배우자와 함께 사용하던 노트북 컴퓨터에 배우자의 인터넷 구글 계정이 로그인되어 있는 것을 발견하고, 정당한 접근권한 없이 배우자의 구글 계정 사진첩에 저장된 사진을 탐색하였다는 등의 내용으로 정보통신망법 위반으로 기소된 경우, 대법원은

① 배우자의 구글 계정 사진첩 서비스제공자인 구글은 배우자에게만 식별부호를 이용하여 위 사진첩에 접근할 권한을 부여한 것이고, ② 피고인은 배우자가 식별부호를 입력하여 구글 계정에 접속된 상태에 있는 것을 기화로 배우자나 구글로부터 아무런 승낙이나 동의 등을 받지 않고 위 사진첩에 접속할 수 있는 명령을 입력하여 접속하였으며, ③ 이는 서비스제공자인 구글의 의사에 반하여 정당한 접근권한 없이 정보통신망인 배우자의 구글 계정 사진첩에 접속한 것이고, 이로 인하여 정보통신망의 안정성이나 정보의 신뢰성을 해칠 위험이 있으므로, **정보통신망법 제48조 제1항에서 금지하고 있는 정보통신망에 침입하는 행위에 해당**한다(2021도5555).

③ **특정경제범죄 가중처벌 등에 관한 법률 제7조는 변호사가 위임의 취지에 따라 수행하는 적법한 청탁이나 알선행위까지 처벌대상으로 한 규정인지 여부(소극)**

[1] 변호사법 제2조는 변호사의 지위에 관하여 "변호사는 공공성을 지닌 법률 전문직으로서 독립하여 자유롭게 그 직무를 수행한다."라고 규정하고, 제3조는 **변호사의 직무**에 관하여 "변호사는 당사자와 그 밖의 관계인의 위임이나 국가·지방자치단체와 그 밖의 공공기관의 위촉 등에 의하여 소송에 관한 행위 및 행정처분의 청구에 관한 대리행위와 일반 법률사무를 하는 것을 그 직무로 한다."라고 규정하고 있다.

[2] 이러한 **변호사 지위의 공공성과 직무범위의 포괄성**에 비추어 볼 때, 특정경제범죄가중처벌 등에 관한 법률(이하 '특정경제범죄법') 제7조의 규정은 변호사가 그 위임의 취지에 따라 수행하는 적법한 청탁이나 알선행위까지 처벌대상으로 한 규정이라고 볼 수 없다. 따라서 정식으로 법률사건을 의뢰받은 변호사의 경우라면, 사건의 해결을 위한 접대나 향응, 뇌물의 제공, 사적인 연고관계나 친분관계를 부정하게 이용하는 등 **공공성을 지닌 법률전문직으로서의 정상적인 활동이라고 보기 어려운 방법**을 내세워 의뢰인의 청탁 취지를 금융회사 등의 임직원에게 전하거나 의뢰인을 대신하여 스스로 금융회사 등의 임직원에게 청탁하는 행위 등을 한다는 명목으로 금품이나 그 밖의 이익을 받거나 받을 것을 약속하는 등, **금품 등의 수수의 명목이 변호사의 지위 및 직무범위와 무관하다고 평가할 수 있는 때에만 특정경제범죄법 제7조 위반죄가 성립**한다(2023. 12. 14. 선고 2022도163).

④ **반복적인 강도 범행 등에 대한 누범가중 처벌규정인 특정범죄 가중처벌 등에 관한 법률 제5조의4 제5항의 취지 / 같은 항 제2호 중 '이들 죄를 범하여 누범으로 처벌하는 경우' 부분에서 '이들 죄'의 의미(=형법 제333조 내지 제336조의 죄 및 제340조 제1항의 죄 또는 그 미수죄)**

'**특정범죄가중법**' 제5조의4 제5항은 '형법 제329조부터 제331조까지, 제333조부터 제336조까지 및 제340조·제362조의 죄 또는 그 미수죄로 세 번 이상 징역형을 받은 사람이 다시 이들 죄를 범하여 누범으로 처벌하는 경우에는 다음 각호의 구분에 따라 가중처벌한다.'라고 규정하면서 **제2호**에서 '형법 제333조부터 제336조까지의 죄 및 제340조 제1항의 죄(미수범을 포함한다)를 범한 경우'에 가중처벌한다고 정하고 있다. 이러한 **특정범죄가중법 제5조의4 제5항의 규정 취지**는 같은 항 각호에서 정한 죄 가운데 동일한 호에서 정한 죄를 3회이상 반복 범행하고, 다시 그 반복 범행한 죄와 동일한 호에서 정한 죄를 범하여 누범에 해당하는 경우에는 동일한 호에서 정한 법정형으로 처벌한다는 뜻으로 보아야 한다. 그러므로 특정범죄가중법 제5조의4 제5항 제2호 중 '이들 죄를 범하여 누범으로 처벌하는 경우' 부분에서 '이들 죄'라 함은, 앞의 범행과 동일한 범죄일 필요는 없으나, 특정범죄가중법 제5조의4 제5항 각호에 열거된 모든 죄가 아니라 앞의 범죄와 동종의 범죄, 즉 형법 제333조 내지 제336조의 죄 및 제340조 제1항의 죄 또는 그 미수죄를 의미한다(2023. 12. 21. 선고 2023도12852).

---

⑤ 특정범죄 가중처벌 등에 관한 법률 제3조의 알선수재죄에서 '알선'의 의미 / 공무원의 직무에 속하는 사항의 알선이 수수한 금품과 '대가관계'가 있는지 결정하는 방법

[1] 특정범죄 가중처벌 등에 관한 법률 제3조의 알선수재죄는 '공무원의 직무에 속한 사항을 알선한다는 명목'으로 금품이나 이익을 수수·요구 또는 약속함으로써 성립하는 범죄다. 여기서 '알선'이라 함은 "일정한 사항에 관하여 어떤 사람과 그 상대방 사이에 서서 중개하거나 편의를 도모하는 것"을 의미하므로, 의뢰 당사자가 청탁하는 취지를 공무원에게 전하거나 의뢰 당사자를 대신하여 스스로 공무원에게 청탁하는 행위, 공무원에게 영향력을 행사하여 의뢰 당사자가 원하는 방향으로 결정이 이루어지도록 돕는 등의 행위는 모두 위 조항에서 말하는 '알선'에 해당한다.
[2] 공무원의 직무에 속하는 사항의 알선과 수수한 금품 사이에 '**대가관계**'가 있는지는 해당 알선의 내용, 알선자와 이익 제공자 사이의 친분관계 여부, 이익의 다과, 이익을 수수한 경위와 시기 등 **제반 사정을 종합**하여 결정하되, 알선과 수수한 금품 사이에 전체적·포괄적으로 대가관계가 있으면 족하다.
[3] 알선수재죄가 성립하는지는 **당사자가 붙인 계약의 명칭이나 형식에 구애될 것이 아니라**, 자문 등의 계약이 체결된 경위와 시기가 어떠한지, 의뢰 당사자가 피고인에게 사무처리를 의뢰하고 그 대가를 제공할 만한 구체적인 현안이 존재하는지, 피고인이 지급받는 계약상 급부가 의뢰 당사자와 공무원 사이를 매개·중개한 데 대한 대가인지, 현안의 중요도나 경제적 가치 등에 비추어 자문료 등 보수의 액수나 지급조건이 사회통념·거래관행상 일반적인 수준인지, 보수가 정기적·고정적으로 지급되는지 등 종합적인 사정을 바탕으로 계약의 실질에 따라 신중하게 판단하여야 한다.
[4] 군수 분야의 고위직 간부로 재직한 경력이 있는 피고인이 방위사업체인 甲 주식회사와 경영자문위원 위촉계약을 체결한 후, 甲 회사의 현안과 관련된 군 관계자 상대 로비를 요청받고 그 대가로 자문료 및 활동비 명목으로 금원을 지급받아, '특정범죄가중법' 위반(알선수재)으로 기소된 사안에서, 피고인은 육군 장성 출신으로 오랜 기간 군에 복무하였고, 국방부에서 군수및 전력자원 관리에 관한 고위 간부로

서 근무한 경험도 있어, 甲 회사로서는 피고인의 전문적 지식과 경험을 활용해 업무의 경제성·효율성·전문성을 도모할 유인이 있었던 점, 유죄의 증거로 검사가 제출한 문건의 내용들에 의하더라도 피고인은 그의 전문성이나 인적인 네트워크를 활용하여 방위사업체의 입장이나 의사를 객관적으로 전달하거나 해당 현안에 관한 정보·설명을 제공하였다고 보일 뿐이고, **이러한 행위는 甲 회사의 통상적이고 정상적인 영업활동을 보조**하는 것으로 보이는 점, **피고인이 위 계약으로 甲 회사로부터 수령한 보수액은 방위사업체 내부의 임원 인사관리 규정에서 정한 일반 자문계약의 보수액에 해당**하고, 위 보수액은 대관업무를 수행하던 기존 군출신 임원들이 지급받았던 금액에 비추어 현저히 적은 금액이며, 공소사실 기재 현안들의 중요도나 경제적 가치를 고려하면 공무원에 대한 알선을 통한 현안의 해결에 대한 대가라고 보기에도 사회통념상 과소한 금액에 해당하는 점 등을 종합하면, **위 계약은 일반적 자문·고문계약**이라고 볼 여지가 충분하고, 검사가 제출한 증거만으로는 위 계약이 형식적인 것에 불과하여 피고인이 공무원의 직무에 속한 사항의 알선에 관하여 금품을 수수한 것이라는 점이 합리적 의심의 여지가 없을 정도로 증명되었다고 보기 어렵다는 이유로, **공소사실을 유죄로 인정한 원심판단에 법리오해 등의 잘못**이 있다(2023. 12. 28. 선고 2017도21248).

---

⑥ 저작재산권자의 허락을 받아 저작물의 원본이나 그 복제물이 판매 등의 방법으로 거래에 제공된 경우, 저작자의 배포권이 소진되는지 여부(적극)

[1] **저작권법이 보호**하는 것은 **인간의 사상 또는 감정을 말·문자·음·색 등에 의하여 구체적으로 외부에 표현하는 창작적인 표현형식이므로, 저작재산권의 침해 여부**를 가리기 위하여 두 저작물 사이에 실질적 유사성이 있는가의 여부를 판단함에 있어서는 창작적인 표현형식에 해당하는 것만을 가지고 대비하여야 한다.
[2] 저작재산권자의 허락을 받아 저작물의 원본이나 그 복제물이 판매 등의 방법으로 거래에 제공되었다면 저작재산권자는 그와 관련된 보상의 기회를 가졌던 것이고, 이미 거래에 제공된 저작물의 원본이나 그 복제물은 그 이후에는 자유롭게 유통될 필요가 있으므로 해당 저작물의 원본이나 그 복제물에 대한 배포권은 그 목적을 달성하여 소진된다. 저작권법은 제20조에서 "저작자는 저작물의 원본이나 그 복제물을 배포할 권리를 가진다. 다만 저작물의 원본이나 그 복제물이 해당 저작재산권자의 허락을 받아 판매 등의 방법으로 거래에 제공된 경우에는 그러하지 아니하다."라고 규정하여 **저작재산권자의 배포권에 관한 권리소진의 원칙을 명문**으로 정하고 있다.
[3] 저작물의 원본이나 그 복제물이 외국에서 판매 등의 방법으로 거래에 제공되지 않고 곧바로 국내로 **수입되어 그 소유권이나 처분권이 이전된 경우에는 저작권법 제20조 단서**에서 정한 바에 따라 해당 저작물의 원본이나 그 복제물에 대한 배포권 소진여부를 판단하여야 한다. 한편 **외국에서 저작재산권자의 허락을 받아 판매 등의 방법으로 거래에 제공되었던 저작물의 원본이나 그 복제물을 국내로 다시 수입하여 배포하는 경우에도 특별한 사정이 없는 한 저작권법 제20조 단서에서 정한 효과가 인정될 수 있다**(2023. 12. 7. 선고 2020도17863).

⑦ 사납금제 금지에 관한 여객자동차 운수사업법 제21조 제1항 제2호 및 제26조 제2항 제2호의 법적 성격(=강행규정) 및 이에 반하는 내용으로 사용자와 택시 운전근로자 노동조합 사이에 이루어진 합의의 효력(무효)

[1] (1) 일정한 금액을 운송사업자에 입금하고 이를 초과하는 초과운송수입금은 운수종사자 자신의 수입으로 하는 **이른바 사납금제**는 운송수입금이 일정하지 않기 때문에 운수종사자들의 임금액의 변동이 심하고, 고정급이 크지 않기 때문에 운송수입금이 적은 때에는 **운수종사자가 기본적인 생활을 하기 위한 정도의 임금조차 확보하기 어려울 수도 있다는 문제점**이 있었고, 이에 여객자동차 운수사업법(이하 '여객자동차법')이 1997. 12. 개정되어 이른바 **전액관리제를 규정하였으나 이를 우회하여 사실상 사납금제를 실시하는 경우가 많았다.** (2) 그 후 여객자동차법이 2019. 8. 개정됨에 따라, '운송사업자는 일정 금액의 운송수입금 기준액을 정하여 수납하지 말고 운수종사자는 이를 **납부하지 말 것**'을 명시적으로 규정하는 제21조 제1항 제2호 및 제26조 제2항 제2호가 **신설되어 2020. 1. 1.부터 시행**되었다. (3) 이와 같이 일정 금액의 운송수입금 기준액을 정하여 수수하는 행위가 금지됨을 명확히 하여 사납금제의 병폐를 시정하겠다는 신설 경위와 취지 등에 비추어 보면, **위 각 규정은 강행법규로 보는 것이 타당**하므로 설령 이에 반하는 내용으로 사용자와 택시운전근로자 노동조합의 합의가 있었다고 하더라도 그 합의는 무효라고 보아야 한다.
[2] 근로계약의 종료 사유는 근로자의 의사나 동의에 의하여 이루어지는 퇴직, 근로자의 의사에 반하여 사용자의 일방적 의사에 의하여 이루어지는 해고, 근로자나 사용자의 의사와는 관계없이 이루어지는 자동소멸 등으로 나눌 수 있으며 근로기준법 제27조에서 말하는 **해고란** 실제 사업장에서 불리는 **명칭이나 절차에 관계없이 위의 두번째에 해당하는 모든 근로계약관계의 종료를 의미**한다.
[3] 회사가 어떠한 사유의 발생을 당연퇴직사유로 규정하고 그 절차를 통상의 해고나 징계해고와는 달리하였더라도 근로자의 의사와 관계없이 사용자 측에서 일방적으로 근로관계를 종료시키는 것이면 성질상 이는 해고로서 근로기준법에 의한 제한을 받는다고 보아야 하므로 근로자에 대한 퇴직조처가 **단체협약이나 취업규칙에서 당연퇴직으로 규정되었다고 하더라도 위 퇴직조처가 유효하기 위하여는 근로기준법 제23조 제1항에서 규정하는 정당한 이유가 있어야** 한다.
[4] 단체협약 등에서 당연퇴직 사유에 대하여 징계해고에 관한 절차 등을 거치도록 규정하고 있지 않다고 하여 **그것이 근로기준법상의 해고제한 규정을 회피하려는 것으로서 무효라고 할 수 없으나, 그 당연퇴직 사유가 동일하게 징계사유로도 규정**되어 있는 경우에는 **당연퇴직 처분을 하면서 일반의 징계절차를 거쳐야** 한다(2023. 12. 7. 선고 2023도2318).

⑧ 물가안정에 관한 법률 제7조와 구 '마스크 및 손소독제 매점매석 행위 금지 등에

관한 고시'(기획재정부고시) 제5조가 결합하여 물가안정에 관한 법률 제26조, 제7조 위반죄의 실질적 구성요건을 이루는 보충규범으로 작용하는지 여부(적극)

[1] 물가안정에 관한 법률(이하 '물가안정법') 제7조는 사업자로 하여금 폭리를 목적으로 물품을 매점하거나 판매를 기피하는 행위로서 기획재정부장관이 물가의 안정을 해칠 우려가 있다고 인정하여 매점매석행위로 지정한 행위를 하여서는 아니 된다고 규정하면서 이를 위반한 행위에 대해 물가안정법 제26조에 따라 처벌하되, 구 '마스크 및 손소독제 매점매석 행위 금지 등에 관한 고시'(기획재정부 고시) 제5조는 '2019. 1. 1. 이전부터 영업을 한 사업자(제1항 제1호)', '2019. 1. 1. 이후 신규로 영업을 한 사업자(제1항 제2호)', '2020. 1. 1. 이후 신규로 영업을 한 사업자(제1항 제3호)'로 나누어 **매점매석 행위에 관한 판단 기준을 정하였다.** 행정규칙인 고시가 법령의 수권에 따라 법령을 보충하는 사항을 정한 경우에 근거 법령규정과 결합하여 대외적으로 구속력이 있는 법규명령으로서 성질과 효력을 가지게 되므로, 물가안정법 제7조와 위 고시 제5조가 결합하여 물가안정법 제26조, 제7조 위반죄의 실질적 구성요건을 이루는 **보충규범**으로 작용한다.

[2] 물가안정에 관한 법률 제26조, 제7조 위반죄는 초과 주관적 위법요소인 '폭리 목적'을 범죄성립요건으로 하는 목적범이므로, '폭리 목적'은 고의와 별도로 요구됨은 물론 엄격한 증명의 대상이 된다. '폭리 목적'에 대한 증명책임도 검사에게 있으므로, 행위자가 구 '마스크 및 손소독제 매점매석 행위 금지 등에 관한 고시'(기획재정부고시) 제5조에서 정한 매점매석행위를 하였다는 사실만으로 폭리 목적을 추정할 수는 없다. 다만 **행위자에게 폭리 목적이 있음을 증명할 직접증거가 없는 경우**에도 피고인이 해당 물품을 매입한 시점·경위, 판매를 위한 노력의 정도, 판매에 이르지 못한 사정, 해당 물품의 시가 변동 및 시장 상황, 매입 및 판매 형태·수량 등 **간접사실을 종합적으로 고려하여 판단할 수** 있다.

[3] 구 '마스크 및 손소독제 매점매석 행위 금지 등에 관한 고시'(기획재정부고시) 제5조 제1항에서 정한 '영업'은 해당 사업자에게 실제로 판매 또는 생산의 결과가 발생한 경우만을 의미하는 것이 아니라, 사업자가 직접적·구체적으로 판매 또는 생산행위에 착수한 경우는 물론 객관적으로 보아 판매 또는 생산을 위한 준비행위를 한 경우라면 널리 이에 **포함**된다고 봄이 타당하다(2024. 1. 4. 선고 2023도2836).

---

⑨ 어떠한 장애를 가진 사람에 대하여 이루어진 괴롭힘 등 부당한 취급이 해당 장애를 주된 사유로 한 것이 아니라거나 장애가 없는 사람과 차별적으로 이루어진 것이 아닌 경우

장애인차별금지 및 권리구제 등에 관한 법률(이하 '장애인차별금지법')의 입법 목적과 체계·내용 등에 비추어 보면, **장애인차별금지법 제49조 제1항에서 정한 형사처벌의 대상은 '장애를 사유로 한 악의적인 차별행위'**로서, 범죄구성요건에 해당하는 사항인 ① **차별행위의 존재**, ② **차별이 장애를 사유로 한 것일 것**, ③ **악의적일 것**에 관하여는 검사에게 엄격한 증명책임이 있다. 이때 '차별행위의 존재'에 대하여는 **비장애인과 비교하여 장애인을 불리하게 대하였다는 점**이, '장애를 사유로 한 차별행위'에 대하여는 장애인의 성별, 장애의 유형·정도·특성 등을 충분히 고려하여 **차별의 주된 원인이 장애라는 점이 각각 증명되어야** 하고(제5조), '악의성'에 대하여는 장애인차별금지법 제49조 제2항의 개정 경과·이유, 시행시기 등을 고려하여 해당 조문의 각호에서 정한 사항이 구체적으로 증명되어야 한다. 따라서 **어떠한 장애를 가진 사람에 대하여 이루어진 괴롭힘 등 부당한 취급이 해당 장애를 주된 사유로 한 것이 아니라거나 장애가 없는 사람과 차별적으로 이루어진 것이 아닌 경우**에는, 그러한 부당한 취급 자체가 **별도의 민사·형사·행정적 제재의 대상이 될 수 있음은 별론**으로 하더라도 **장애를 주된 사유로 하는 비장애인과의 악의적인 차별행위를 형사처벌의 대상으로 정한 장애인차별금지법 제49조 제1항이 적용된다고 볼 수는 없**다(2024. 1. 4. 선고 2023도2982).

---

⑩ 자동차관리법 제34조 제1항에서 정한 절차적 요건이 충족되지 않은 상태에서 자동차 튜닝을 한 사람은 누구라도 같은 법 제81조 제19호에 따라 처벌되는지 여부(적극)

자동차 튜닝에 관한 자동차관리법의 규정 내용 및 체계, 자동차관리법이 자동차 튜닝에 관하여 엄격한 승인절차 그리고 튜닝작업을 실제 담당할 자를 규정한 입법 취지 등을 감안하는 한편 **벌칙조항**인 자동차관리법 제81조 제19호가 그 위반의 주체에 관하여 아무런 제한을 두고 있지 않은 점에 주목하면, 같은 법 제34조 제1항에서 정한 **절차적 요건이 충족되지 않은 상태에서는 누구든지 자동차 튜닝을 할 수 없고, 이를 위반하여 자동차 튜닝을 한 사람은 누구라도 위 벌칙조항에 따라 처벌**된다고 보는 것이 타당하다(2024. 2. 29. 선고 2023도16690).

– 형사소송법(수사·증거) –

[수사]

[1] 수사의 의의와 구조
[2] 수사의 주체와 대상
[3] 수사의 단서
[4] 불심검문
[5] 고소
[6] 고발
[7] 자수
[8] 변시자 검시
[9] 수사의 기본원칙
[10] 임의수사
[11] 대인적 강제수사
[12] 대물적 강제수사

---

① 수사기관이 새로운 범죄 혐의의 수사를 위하여 무관정보가 남아 있는 복제본을 탐색, 복제 또는 출력할 수 있는지 여부(소극) 및 이때 수사기관이 열람할 수 있는 범위(=기존 압수·수색 과정에서 출력하거나 복제한 유관정보의 결과물)

[1] 형사소송법 제215조에 따른 압수·수색영장은 수사기관의 압수·수색에 대한 허가장으로서 거기에 기재되는 유효기간은 집행에 착수할 수 있는 종기를 의미하는 것이므로, 수사기관이 압수·수색영장을 제시하고 집행에 착수하여 압수·수색을 실시하고 그 집행을 종료하였다면 이미 그 영장은 목적을 달성하여 효력이 상실되는 것이고, 동일한 장소 또는 목적물에 대하여 다시 압수·수색할 필요가 있는 경우라면 그 필요성을 소명하여 법원으로부터 새로운 압수·수색영장을 발부받아야 하는 것이지, 앞서 발부받은 압수·수색영장의 유효기간이 남아 있다고 하여 이를 제시하고 다시 압수·수색을 할 수 없다.
[2] 수사기관은 하드카피나 이미징 등(이하 '복제본')에 담긴 전자정보를 탐색하여 혐의사실과 관련된 정보(이하 '유관정보')를 선별하여 출력하거나 다른 저장매체에 저장하는 등으로 압수를 완료하면 혐의사실과 관련 없는 전자정보(이하 '무관정보')를 삭제·폐기하여야 한다. 수사기관이 새로운 범죄 혐의의 수

사를 위하여 무관정보가 남아 있는 복제본을 열람하는 것은 압수·수색영장으로 압수되지 않은 전자정보를 영장 없이 수색하는 것과 다르지 않다. 따라서 복제본은 더 이상 수사기관의 탐색, 복제 또는 출력 대상이 될 수 없으며, 수사기관은 새로운 범죄 혐의의 수사를 위하여 필요한 경우에도 기존 압수·수색 과정에서 출력하거나 복제한 유관정보의 결과물을 열람할 수 있을 뿐이다.

[3] 수사기관이 압수 또는 수색을 할 때에는 처분을 받는 사람에게 반드시 적법한 절차에 따라 법관이 발부한 영장을 사전에 제시하여야 하고, 처분을 받는 자가 피의자인 경우에는 영장 사본을 교부하여야 하며(형사소송법 제219조 및 제118조), 피의자·피압수자 또는 변호인(이하 '피의자 등')은 압수·수색영장의 집행에 참여할 권리가 있으므로(형사소송법 제219조, 제121조) 수사기관이 압수·수색영장을 집행할 때에도 원칙적으로는 피의자 등에게 미리 집행의 일시와 장소를 통지하여야 하고(형사소송법 제219조, 제122조), 수사기관은 압수영장을 집행한 직후에 압수목록을 곧바로 작성하여 압수한 물건의 소유자·소지자·보관자 기타 이에 준하는 사람에게 교부하여야 한다(형사소송법 제219조, 제129조). 헌법과 형사소송법이 정한 절차와 관련 규정, 그 입법 취지 등을 충실히 구현하기 위하여, 수사기관은 압수·수색영장의 집행기관으로서 피압수자로 하여금 법관이 발부한 영장에 의한 압수·수색이라는 강제처분이 이루어진다는 사실을 확인할 수 있도록 형사소송법이 압수·수색영장에 필요적으로 기재하도록 정한 사항이나 그와 일체를 이루는 내용까지 구체적으로 충분히 인식할 수 있는 방법으로 압수·수색영장을 제시하고 피의자에게는 그 사본까지 교부하여야 하며, 증거인멸의 가능성이 최소화됨을 전제로 영장 집행 과정에 대한 참여권이 충실히 보장될 수 있도록 사전에 피의자 등에 대하여 집행 일시와 장소를 통지하여야 함은 물론 피의자 등의 참여권이 형해화되지 않도록 그 통지의무의 예외로 규정된 '피의자 등이 참여하지 아니한다는 의사를 명시한 때 또는 급속을 요하는 때'라는 사유를 엄격하게 해석하여야 한다(2023. 10. 18. 선고 2023도8752).

② 수사기관이 새로운 범죄혐의의 수사를 위하여 기존 압수·수색 과정에서 취득한 무관정보가 남아 있는 하드카피·이미징 등 형태의 복제본을 탐색, 복제 또는 출력할 수 있는지 여부(소극) 및 사후에 법원으로부터 복제본을 대상으로 압수·수색영장을 발부 받아 집행했더라도 위법한지 여부(적극)

[1] 전자정보에 대한 압수·수색에 있어 저장매체 자체를 외부로 반출하거나 하드카피·이미징 등의 형태로 복제본(이하 '복제본')을 만들어 외부에서 그 저장매체나 복제본에 대하여 압수·수색이 허용되는 예외적인 경우에도 혐의사실과 관련된 전자정보(이하 '유관정보') 이외에 이와 무관한 전자정보(이하 '무관정보')를 탐색·복제·출력하는 것은 원칙적으로 위법한 압수·수색에 해당하므로 허용될 수 없다. 그러나 전자정보에 대한 압수·수색이 종료되기 전에 유관정보를 적법하게 탐색하는 과정에서 무관정보를 우연히 발견한 경우라면, 수사기관으로서는 더 이상의 추가 탐색을 중단하고 법원으로부터 별도의 범죄혐의에 대한 압수·수색영장을 발부 받은 경우에 한하여 그러한 정보에 대하여도 적법하게 압수·수색을 할 수 있다.

[2] 수사기관이 유관정보를 선별하여 압수한 후에도 무관정보를 삭제·폐기·반환하지 않은 채 그대로 보관하고 있다면 무관정보 부분에 대하여는 **압수의 대상이 되는 전자정보의 범위를 넘어서는 전자정보를 영장 없이 압수·수색하여 취득한 것이어서 위법**하고, 사후에 법원으로부터 압수·수색영장이 발부되었다거나 피고인이나 변호인이 이를 증거로 함에 동의하였다고 하여 그 위법성이 치유된다고 볼 수 없다. 수사기관이 새로운 범죄혐의의 수사를 위하여 무관정보가 남아 있는 복제본을 열람하는 것은 압수·수색영장으로 압수되지 않은 전자정보를 영장 없이 수색하는 것과 다르지 않다.

[3] 따라서 **복제본은 더 이상 수사기관의 탐색, 복제 또는 출력 대상이 될 수 없으며**, 수사기관은 새로운 범죄혐의의 수사를 위하여 필요한 경우에도 기존 압수·수색 과정에서 출력하거나 복제한 유관정보의 결과물을 열람할 수 있을 뿐이다. 사후에 법원으로부터 복제본을 대상으로 압수·수색영장을 발부받아 집행하였다고 하더라도, 이는 압수·수색절차가 종료됨에 따라 당연히 삭제·폐기되었어야 할 전자정보를 대상으로 한 것으로 **위법**하다.

[4] 형사소송법 **제308조의2**에 따라 적법한 절차에 따르지 아니하고 수집한 증거는 증거로 할 수 없다. 수사기관이 헌법과 형사소송법이 정한 절차에 따르지 아니하고 수집한 증거는 물론, 이를 기초로 하여 획득한 **2차적 증거 역시 유죄 인정의 증거로 삼을 수 없는 것이 원칙**이다. 다만 수사기관의 절차 위반행위가 적법절차의 실질적인 내용을 침해하는 경우에 해당하지 아니하고, 오히려 그 증거의 증거능력을 배제하는 것이 헌법과 형사소송법이 형사소송에 관한 절차조항을 마련하여 **적법절차의 원칙과 실체적 진실 규명의 조화를 도모하고, 이를 통하여 형사 사법 정의를 실현하려고 한 취지에 반하는 결과를 초래하는 것으로 평가되는 예외적인 경우라면**, 법원은 그 증거를 **유죄 인정의 증거로 사용할 수 있다**.

[5] 법원이 2차적 증거의 증거능력 인정 여부를 최종적으로 판단할 때에는 먼저 절차에 따르지 아니한 **1차적 증거수집과 관련된 모든 사정들**, 즉 절차 조항의 취지와 위반의 내용 및 정도, 구체적인 위반 경위와 회피가능성, 절차 조항이 보호하고자 하는 권리 또는 법익의 성질과 침해 정도 및 피고인과의 관련성, 절차 위반행위와 증거수집 사이의 인과관계 등 관련성의 정도, 수사기관의 인식과 의도 등을 살피는 것은 **물론, 나아가 1차적 증거를 기초로 하여 다시 2차적 증거를 수집하는 과정에서 추가로 발생한 모든 사정들까지** 구체적인 사안에 따라 **주로 인과관계 희석 또는 단절 여부를 중심으로 전체적·종합적으로 고려해야** 한다(2024. 4. 16. 선고 2020도3050).

---

③ 증거은닉범이 본범으로부터 은닉을 교사받고 소지·보관 중이던 본범의 정보저장매체를 임의제출하는 경우 본범의 참여권 인정 여부가 문제된 사건

[1] [다수의견] (가) 정보저장매체 내의 전자정보가 가지는 중요성은 헌법과 형사소송법이 구현하고자 하는 적법절차, 영장주의, 비례의 원칙과 함께 사생활의 비밀과 자유, 정보에 대한 자기결정권 등의 관점에서 유래된다. (나) 압수의 대상이 되는 전자정보와 그렇지 않은 전자정보가 혼재된 정보저장매체나 그 복제본을 임의제출받은 수사기관이 그 정보저장매체 등을 수사기관 사무실 등으로 옮겨 이를 탐색·

복제·출력하는 경우, 그와 같은 일련의 과정에서 형사소송법 제219조, 제121조에서 규정하는 압수·수색영장의 집행을 받는 당사자(이하 '피압수자')나 그 변호인에게 참여의 기회를 보장하고 압수된 전자정보의 파일 명세가 특정된 압수목록을 작성·교부하여야 하며, 범죄혐의사실과 무관한 전자정보의 임의적인 복제 등을 막기 위한 적절한 조치를 취하는 등 영장주의 원칙과 적법절차를 준수하여야 한다. 만약 그러한 조치가 취해지지 않았다면 피압수자 측이 참여하지 않겠다는 의사를 명시적으로 표시하였거나 임의제출의 취지와 경과 또는 그 절차 위반행위가 이루어진 과정의 성질과 내용 등에 비추어 피압수자 측에 절차 참여를 보장한 취지가 실질적으로 침해되었다고 볼 수 없을 정도에 해당한다는 등의 특별한 사정이 없는 이상 압수·수색이 적법하다고 평가할 수 없고, 비록 수사기관이 정보저장매체 또는 복제본에서 범죄혐의사실과 관련된 전자정보만을 복제·출력하였다고 하더라도 달리 볼 것은 아니다.
(다) 피해자 등 제3자가 피의자의 소유·관리에 속하는 정보저장매체를 임의제출한 경우에는 실질적 피압수자인 피의자가 수사기관으로 하여금 그 전자정보 전부를 무제한 탐색하는 데 동의한 것으로 보기 어려울 뿐만 아니라 피의자 스스로 임의제출한 경우 피의자의 참여권 등이 보장되어야 하는 것과 견주어 보더라도 특별한 사정이 없는 한 피의자에게 참여권을 보장하고 압수한 전자정보 목록을 교부하는 등 피의자의 절차적 권리를 보장하기 위한 적절한 조치가 이루어져야 한다.
[2] 이와 같이 정보저장매체를 임의제출한 피압수자에 더하여 임의제출자 아닌 피의자에게도 참여권이 보장되어야 하는 '피의자의 소유·관리에 속하는 정보저장매체'란, 피의자가 압수·수색 당시 또는 이와 시간적으로 근접한 시기까지 해당 정보저장매체를 현실적으로 지배·관리하면서 그 정보저장매체 내 전자정보 전반에 관한 전속적인 관리처분권을 보유·행사하고, 달리 이를 자신의 의사에 따라 제3자에게 양도하거나 포기하지 아니한 경우로서, 피의자를 그 정보저장매체에 저장된 전자정보 전반에 대한 실질적인 압수·수색 당사자로 평가할 수 있는 경우를 말하는 것이다. 이에 해당하는지 여부는 민사법상 권리의 귀속에 따른 법률적·사후적 판단이 아니라 압수·수색 당시 외형적·객관적으로 인식 가능한 사실상의 상태를 기준으로 판단하여야 한다. 이러한 정보저장매체의 외형적·객관적 지배·관리 등 상태와 별도로 단지 피의자나 그 밖의 제3자가 과거 그 정보저장매체의 이용 내지 개별 전자정보의 생성·이용 등에 관여한 사실이 있다거나 그 과정에서 생성된 전자정보에 의해 식별되는 정보주체에 해당한다는 사정만으로 그들을 실질적으로 압수·수색을 받는 당사자로 취급하여야 하는 것은 아니다.
[3] 피고인이 허위의 인턴십 확인서를 작성한 후 갑의 자녀 대학원 입시에 활용하도록 하는 방법으로 갑 등과 공모하여 대학원 입학담당자들의 입학사정업무를 방해하였다는 공소사실과 관련하여, 갑 등이 주거지에서 사용하던 컴퓨터 내 정보저장매체(이하 '하드디스크')에 인턴십 확인서 등 증거들이 저장되어 있고, 갑은 자신 등의 혐의에 대한 수사가 본격화되자 을에게 지시하여 하드디스크를 은닉하였는데, 이후 수사기관이 을을 증거은닉혐의 피의자로 입건하자 을이 이를 임의제출하였고, 수사기관은 하드디스크 임의제출 및 그에 저장된 전자정보에 관한 탐색·복제·출력 과정에서 을 측에 참여권을 보장한 반면 갑 등에게는 참여 기회를 부여하지 않아 그 증거능력이 문제된 사안에서, 을은 임의제출의 원인된 범죄혐의사실인 증거은닉범행의 피의자로서 자신에 대한 수사 과정에서 하드디스크를 임의제출하였는데, 하드디스크 및 그에 저장된 전자정보는 본범인 갑 등의 혐의사실에 관한 증거이기도 하지만 동시에 은닉행위의 직접적인 목적물에 해당하여 을의 증거은닉 혐의사실에 관한 증거이기도 하므로, 을은 하드디스크와 그에 저장된 전자정보에 관하여 실질적 이해관계가 있는 자에 해당하고, 하드디스크 자체의 임의

제출을 비롯하여 증거은닉 혐의사실 관련 전자정보의 탐색·복제·출력 과정 전체에 걸쳐 을은 참여의 이익이 있는 점, 하드디스크의 은닉과 임의제출 경위, 그 과정에서 을과 갑 등의 개입 정도 등에 비추어 압수·수색 당시 또는 이에 근접한 시기에 하드디스크를 현실적으로 점유한 사람은 을이라고 할 것이며, 나아가 을이 그 무렵 위와 같은 경위로 하드디스크를 현실적으로 점유한 이상 다른 특별한 사정이 없는 한 저장된 전자정보에 관한 관리처분권을 사실상 보유·행사할 수 있는 지위에 있는 사람도 을이라고 볼 수 있는 점, 갑은 임의제출의 원인된 범죄혐의사실인 증거은닉범행의 피의자가 아닐 뿐만 아니라 하드디스크의 존재 자체를 은폐할 목적으로 막연히 '자신에 대한 수사가 끝날 때까지' 은닉할 것을 부탁하며 하드디스크를 을에게 교부하였는데, 이는 자신과 하드디스크 및 그에 저장된 전자정보 사이의 외형적 연관성을 은폐·단절하겠다는 목적하에 그 목적 달성에 필요하다면 '수사 종료'라는 불확정 기한까지 하드디스크에 관한 전속적인 지배·관리권을 포기하거나 을에게 전적으로 양도한다는 의사를 표명한 것으로 볼 수 있는 점 등을 종합하면, 증거은닉범행의 피의자로서 하드디스크를 임의제출한 을에 더하여 임의제출자가 아닌 갑 등에게도 참여권이 보장되어야 한다고 볼 수 없다는 이유로, 같은 취지에서 하드디스크에 저장된 전자정보의 증거능력을 인정한 원심의 판단이 정당하다(2022도7453 전합).

④ 휴대전화 제출에 관하여 검사가 임의성의 의문점을 없애는 증명을 다하지 못하였으므로 휴대전화 및 그에 저장된 전자정보는 위법수집증거에 해당하여 증거능력이 없다고 한 사례

[1] 임의제출물을 압수한 경우 압수물이 형사소송법 제218조에 따라 실제로 임의제출된 것인지에 관하여 다툼이 있을 때에는 **임의제출의 임의성을 의심할 만한 합리적이고 구체적인 사실을 피고인이 증명할 것이 아니라 검사가 그 임의성의 의문점을 없애는 증명을 해야** 한다.

[2] 피고인이 자신의 휴대전화 카메라를 이용하여 총 9회에 걸쳐 성적 욕망 또는 수치심을 유발할 수 있는 피해자 4명의 신체를 그들의 의사에 반하여 촬영하였다는 성폭력범죄의 처벌 등에 관한 특례법 위반(카메라등이용촬영)의 공소사실과 관련하여, 수사기관이 피고인을 현행범으로 체포할 당시 임의제출 형식으로 압수한 휴대전화의 증거능력이 문제 된 사안에서, 피고인은 현행범 체포 당시 목격자로부터 휴대전화를 빼앗겨 위축된 심리 상태였고, 목격자 및 경찰관으로부터 휴대전화를 되찾기 위해 달려들기도 하였으며, 경찰서로 연행되어 변호인의 조력을 받지 못한 상태에서 피의자로 조사받으면서 일부 범행에 대하여 부인하고 있던 상황이었으므로, 피고인이 자발적으로 휴대전화를 수사기관에 제출하였는지를 엄격히 심사해야 하는 점, 수사기관이 임의 제출자인 피고인에게 임의제출의 의미, 절차와 임의제출할 경우 피압수물을 임의로 돌려받지는 못한다는 사정 등을 고지하였음을 인정할 자료가 없는 점, 피고인은 당시 "경찰관으로부터 '휴대전화를 반환할 수 있다.'는 말을 들었다."라고 진술하는 등 휴대전화를 임의제출할 경우 나중에 번의하더라도 되돌려받지 못한다는 사정을 인식하고 있었다고 단정하기 어려운 점 등에 비추어 볼 때, **휴대전화 제출에 관하여 검사가 임의성의 의문점을 없애는 증명을 다하지 못하였으므로 휴대전화 및 그에 저장된 전자정보는 위법수집증거에 해당하여 증거능력이 없다**(2024.

3. 12. 선고 2020도9431).

⑤ 압수·수색영장에 기재된 '압수할 물건'에 휴대전화에 저장된 전자정보가 포함되어 있지 않은 경우, 그 영장으로 휴대전화에 저장된 전자정보를 압수할 수 있는지 여부 (원칙적 소극)

[1] 헌법과 형사소송법이 구현하고자 하는 적법절차와 영장주의의 정신에 비추어 볼 때, 법관이 **압수·수색영장을 발부하면서 '압수할 물건'을 특정하기 위하여 기재한 문언은 엄격하게 해석해야** 하고, 함부로 피압수자 등에게 불리한 내용으로 확장해석 또는 유추해석을 하는 것은 허용될 수 없다.

[2] 휴대전화는 정보처리장치나 정보저장매체의 특성을 가지고 있기는 하나, 기본적으로 통신매체의 특성을 가지고 있어 컴퓨터, 노트북 등 정보처리장치나 USB, 외장하드 등 정보저장매체와는 명확히 구별되는 특성을 가지고 있다. 휴대전화, 특히 스마트폰에는 전화·문자메시지·SNS 등 통신, 개인 일정, 인터넷 검색기록, 전화번호, 위치정보 등 통신의 비밀이나 사생활에 관한 방대하고 광범위한 정보가 집적되어 있다. 이와 같이 휴대전화에 저장된 전자정보는 컴퓨터나 USB 등에 저장된 전자정보와는 그 분량이나 내용, 성격 면에서 현저한 차이가 있으므로, 휴대전화에 대한 압수·수색으로 얻을 수 있는 전자정보의 범위와 그로 인한 기본권 침해의 정도도 크게 다르다.

[3] 따라서 **압수·수색영장에 기재된 '압수할 물건'에 휴대전화에 저장된 전자정보가 포함되어 있지 않다면**, 특별한 사정이 없는 한 **그 영장으로 휴대전화에 저장된 전자정보를 압수할 수는 없다**(2024. 9. 25. 자 2024모2020).

⑥ 경찰이 친권자를 통하여 미성년인 자녀가 사용·관리하는 휴대전화를 압수한 절차의 위법 여부가 문제된 사건

[1] 헌법 제12조 제3항 본문은 '체포·구속·압수 또는 수색을 할 때에는 적법한 절차에 따라 검사의 신청에 의하여 법관이 발부한 영장을 제시하여야 한다.'고 규정하고, 구 형사소송법 제219조, 제118조는 '수사기관이 압수·수색영장을 집행할 때에는 처분을 받는 자에게 반드시 압수·수색영장을 제시하여야 한다.'는 취지로 규정하고 있다. 이와 같이 **압수·수색영장은 현장에서 처분을 받는 자가 여러 명일 경우에는 그들 모두에게 개별적으로 영장을 제시해야 하는 것이 원칙**이고, 수사기관이 압수·수색에 착수하면서 그 장소의 관리책임자에게 영장을 제시하였다고 하더라도, 물건을 소지하고 있는 다른 사람으로부터 이를 압수하고자 하는 때에는 그 사람에게 따로 영장을 제시하여야 한다.

[2] 압수·수색이 정보저장매체에 대하여 이루어질 때 그 범위를 정하여 출력 또는 복제하는 방법이 불

가능하거나 압수의 목적을 달성하기에 현저히 곤란한 예외적인 사정이 인정되어 전자정보가 담긴 저장 매체 또는 복제본을 수사기관 사무실 등으로 옮겨 이를 복제·탐색·출력하는 경우에도, 그와 같은 일련의 과정에서 구 형사소송법 제219조, 제121조에서 규정하는 압수·수색영장의 집행을 받는 당사자(이하 '피압수자'라 한다)나 그 변호인에게 참여의 기회를 보장하고 혐의사실과 무관한 전자정보의 임의적인 복제 등을 막기 위한 적절한 조치를 취하는 등 영장주의 원칙과 적법절차를 준수하여야 한다. 만약 그러한 조치가 취해지지 않았다면 피압수자 측이 참여하지 아니한다는 의사를 명시적으로 표시하였거나 절차 위반행위가 이루어진 과정의 성질과 내용 등에 비추어 피압수자 측에 절차 참여를 보장한 취지가 실질적으로 침해되었다고 볼 수 없을 정도에 해당한다는 등의 특별한 사정이 없는 이상 압수·수색이 적법하다고 평가할 수 없다.

[3] 이와 같은 수사기관의 압수·수색절차 과정에서 처분을 받는 자가 미성년자인 경우, 의사능력이 있는 한 미성년자에게 영장이 반드시 제시되어야 하고, 그 친권자에 대한 영장제시로 이를 갈음할 수 없다. 또한 의사능력이 있는 미성년자나 그 변호인에게 압수·수색영장 집행 절차에 참여할 기회가 보장되어야 하고, 그 친권자에게 참여의 기회가 보장되었다는 이유만으로 압수·수색이 적법하게 되는 것은 아니다.

[4] 형사소송법이 헌법 제12조에서 선언한 적법절차와 영장주의 원칙을 이어받아 압수·수색절차에서 실체적 진실 규명과 개인의 권리보호 이념을 조화롭게 실현할 수 있도록 마련한 구체적 기준의 규범력은 확고히 유지되어야 한다. 수사기관의 지시·요청에 따라 사인(私人)이 자기 외의 제3자가 지배·관리하는 물건을 취거하여 수사기관에 전달하는 등으로 수사기관이 직접 하였다면 강제처분인 압수·수색에 해당하는 행위를 한 경우, 이러한 사인의 행위가 오로지 자기의 이익이나 목적 추구를 위해 이루어진 것이라거나 수사기관이 해당 물건의 실제 점유자가 제3자임을 미처 인식·예견하지 못하였다는 등의 특별한 사정이 없는 이상, 수사기관이 사인을 이용하여 강제처분을 하였다고 보아, 형사소송법에서 규정하는 영장의 제시, 참여권의 보장 등 절차의 준수를 요구하는 것이 헌법과 형사소송법이 구현하고자 하는 적법절차와 영장주의의 정신에 부합한다.

[5] (사실관계) 경찰은 A를 피의자로 하여 발부받은 압수·수색·검증영장(이하 '이 사건 영장')을 A에게 제시하고, A는 딸인 피고인들(각 16세)로부터 피고인들이 사용하거나 보관 중인 그 소유 휴대전화 4대(이하 통틀어 '이 사건 휴대전화')를 인도받아 경찰에 제출하였는데, 이 사건 영장의 '압수할 물건'란에는 '참고인인 피고인들이 실제 사용·보관 중인 휴대전화'가 기재되어 있었다. 경찰은 A를 이 사건 휴대전화의 피압수자인 소지자제출자로 보아 압수조서를 작성하고, A는 참여인으로서 위 압수조서에 서명하였으며, 경찰은 A에게 이 사건 휴대전화 반출 후의 탐색·복제·출력 등 과정 등에 참여할 수 있다는 취지로 고지하면서 전자정보 확인서를 작성하였고, A는 피압수자(제출자)의 지위에서 '참여하지 않겠다'는 뜻을 위 확인서에 표시하고 서명하였으나, 경찰은 피고인들에게 이 사건 영장에 기초한 일련의 압수·수색의 과정에서 이 사건 영장을 제시하거나 참여의 기회를 보장하지는 않았다.

[6] 대법원은 위와 같은 법리를 설시하면서, ① A는 이 사건 영장 집행에 착수한 경찰로부터 영장을 제시받고 그 지시에 따라 피고인들로부터 이 사건 휴대전화의 점유를 이전받아 경찰에 제출하였다고 보이고, 이러한 A의 행위가 오로지 A의 사적 이익이나 목적 추구를 위해 이루어졌다거나 경찰이 이 사건 휴대전화의 실제 점유자가 피고인들임을 인식·예견하지 못하였다고 보기 어려우므로, 경찰이 A를 이용하여 이 사건 휴대전화에 대한 압수 등 강제처분을 하였다고 보는 것이 타당하다고 전제한 다음, ② 경

찰은 이 사건 휴대전화를 압수함에 있어 '처분을 받는 자'로서 이 사건 영장 집행에 참여할 능력이 충분하였다고 보이는 피고인들에게 영장을 제시하였어야 하고, A가 친권자의 지위에서 피고인들의 이익을 위하여 영장을 제시받았다고 하더라도 달리 볼 수 없으며, ③ 이 사건 휴대전화와 그 전자정보에 대하여 한 압수·수색은 비단 이 사건 영장에 피의자로 기재된 A 등의 범죄 혐의사실에 대한 수사에 그치는 것이 아니라 피고인들의 범죄 혐의사실에 대한 수사의 일환으로 한 것에도 해당하고, 피고인들은 이 사건 휴대전화에 대한 관리처분권을 행사하고 있었으므로, 경찰은 피압수자인 피고인들에게 이 사건 휴대전화의 탐색·복제·출력 등 일련의 과정에 참여할 기회를 보장하였어야 하고, 경찰이 피고인들의 이익을 위하여 피고인들을 대신하여 친권자인 A에게 참여의 기회를 부여하였다는 사정만으로 피압수자인 피고인들의 절차 참여를 보장한 취지가 실질적으로 침해되지 않았다거나 압수·수색이 적법하게 된다고 볼 수 없다고 보아, 이 사건 휴대전화의 전자정보나 이에 기초하여 수집한 증거의 증거능력이 부정된다(2022도2071).

---

⑦ 전자정보가 제3자 소유·관리의 정보저장매체에 복제되어 임의제출되는 경우 원본 전자정보 관리처분권자의 참여권이 문제된 사건

[1] 전자정보가 제3자 소유·관리의 정보저장매체에 복제되어 임의제출되는 경우에 복제 전자정보와 원본 전자정보의 내용이 완전히 동일하다고 하더라도, 복제 전자정보 생성 경위와 지배관리 상태, 복제 전자정보를 임의제출하게 된 경위, 원본 전자정보 임의제출이나 압수·수색 가능성 등 제반 사정과 전자정보 압수·수색에서 혐의사실과 무관한 전자정보의 무분별한 탐색·복제·출력 등을 방지하려는 참여권의 의의 및 기능을 종합적으로 살펴, 원본 전자정보 임의제출이 충분히 가능함에도 오직 원본 전자정보 관리처분권자의 참여를 배제할 목적으로 원본 전자정보 대신 복제 전자정보를 임의제출하는 경우 등과 같이 복제 전자정보를 임의제출하는 사람에게만 참여의 기회를 부여하는 것이 현저히 부당하다는 등의 특별한 사정이 없는 한 그 정보의 동일성을 들어 복제 전자정보 임의제출자 외에 원본 전자정보 관리처분권자를 실질적 피압수자로 평가하고 그에게 참여권을 인정해야 하는 것은 아니라고 보아야 한다.
[2] 전자정보는 그 자체로는 무정형의 관념에 불과할 뿐 물리적 존재가 아니다. 전자정보는 복제가 용이하고 다수에게 손쉽게 전파·유통될 수 있으며 그 보유·사용·처분·변경 등이 다수에 의하여 동시다발적으로 이루어질 수 있는 비경합적·비배타적 성질을 가진다. 전자정보가 복제되어 유통·처분·변경되거나 여러 번 재복제되더라도 원본 전자정보나 복제되기 전 단계의 정보들은 마모되거나 훼손되지 않은 채 복제된 정보와 독립하여 존재할 수 있다. 이와 같은 전자정보의 특성을 고려하면, '제3자가 피의자 소유·관리의 정보저장매체 자체를 수사기관에 제출하는 방법으로 그 정보저장매체 내에 저장된 전자정보를 임의제출하는 것'과 '그 전자정보를 제3자 소유·관리의 정보저장매체에 복제한 후 복제 전자정보가 저장된 정보저장매체를 그 제3자가 수사기관에 제출하는 방법으로 복제 전자정보를 임의제출하는 것'은 적어도 그 임의제출 과정에서 보장되어야 하는 참여권의 관점에서는 동일하다고 평가할 수 없다.
[3] 참여권자로서의 실질적 피압수자에 해당하는지 여부는, 임의제출(압수)되는 전자정보나 정보저장매

체의 관리처분권에 관하여 민사법상 권리의 귀속에 따른 사후적 판단이 아니라 압수·수색 당시의 외형적·객관적인 기준에 의하여, 즉 임의제출(압수)의 직접적 대상인 당해 정보저장매체의 현실적 지배관리 상태와 그로부터 외형적·객관적으로 추단되는 저장 전자정보에 대한 관리처분권 유무를 통하여 판단하여야 한다.

[4] 원본 전자정보에 대한 관리처분권을 복제 전자정보 임의제출 시 참여권 인정의 근거로 새기게 되면 무한한 복제·유통·변형·합성 등이 가능한 전자정보의 압수절차에서 일일이 원본 전자정보나 그 관리처분권자를 특정해야 할 것이다. 이는 현실적으로 불가능할 뿐만 아니라 수사의 현장성·적시성·밀행성에도 어긋난다.

[5] 복제 전자정보가 사인(私人)이 임의로 수집, 제출한 증거로서 위법한지 여부는 전자정보 및 저장매체 임의제출(압수) 과정에서의 절차적 권리인 참여권 보장 문제와는 다른 측면에서 판단되어야 한다.

[6] (사실관계) 피고인이, 청소년인 피해자와의 성교 장면이나 피해자의 신체 부위를 사진과 동영상으로 촬영하여 아동·청소년이용음란물을 제작하고, 「아동·청소년의 성보호에 관한 법률」 위반(음란물제작·배포등) 등으로 기소된 사안에서, 피해자들은 피고인 소유·관리의 정보저장매체(이하 'USB')에 저장되어 있던 전자정보를 피해자들 소유·관리의 정보저장매체(이하 '제1, 2, 3 USB')에 복제한 다음 그 복제된 전자정보가 저장된 피해자들 소유·관리의 정보저장매체를 임의제출하였다.

[7] 위와 같은 법리에 비추어, ① 피해자들이 임의제출한 제1, 2, 3 USB는 피해자들의 소유·관리에 속하는 정보저장매체로서 그 자체로는 피고인과 관련이 없는 점, ② 피고인이 소유·관리하는 정보저장매체는 원본 USB 뿐인데, 원본 USB는 수사기관에 임의제출되거나 압수된 바 없으므로 원본 USB에 관하여 형사소송법이 정한 참여권이나 그 참여권 인정을 위한 전제로 실질적 피압수자라는 지위를 상정하기 어려운 점, ③ 이 사건 전자정보 등의 압수·수색(임의제출) 과정에서는 특별한 사정이 없는 한 임의제출자인 피해자들(피압수자)에게 형사소송법이 정하는 바에 따라 참여의 기회를 부여하는 것으로 충분하고, 원본 USB 소유·관리자이자 그 저장 전자정보의 관리처분권자인 피고인을 실질적 피압수자로 보아 피고인에게까지 참여의 기회를 부여해야만 그 임의제출이 적법하다고 평가할 수는 없다(2023도3626).

⑧ 피의자가 주거주 등인 주거지 등에서 압수·수색영장을 집행할 때 피의자에게 참여능력이 없는 경우, 수사기관은 참여능력이 있는 이웃 등을 함께 참여시켜야 하는지 여부(적극) 및 이때 참여능력이 없는 피의자만 참여한 압수·수색의 적법 여부(원칙적 소극)

[1] 우리 헌법은 **압수·수색에 관한 적법절차와 영장주의의 근간을 선언**하고 있다. 형사소송법은 이와 같은 헌법 정신을 이어받아 **압수·수색절차에 관한 다양한 구체적 기준을 마련**하였다. 특히 형사소송법은 제121조, 제219조에서 압수·수색절차에서 피고인과 피의자의 **참여권 일반**을 정하는 한편, 제123조, 제219조에서 압수·수색이 이루어지는 장소의 특수성을 고려하여 **특정 장소에서 압수·수색영장을**

집행할 때는 그 장소의 책임자가 참여하게 함으로써, 압수·수색영장의 집행 과정에서 절차적 권리로서의 참여권이 적법절차와 영장주의의 이념을 실질적으로 구현하는 장치로 기능하도록 하였다.

[2] 이와 같이 기본권 보장을 위하여 **압수·수색에 관한 적법절차와 영장주의의 근간을 선언한 헌법**과 실체적 진실 규명과 개인의 권리보호 이념을 조화롭게 실현할 수 있도록 그 **구체적인 절차를 정하고 있는 형사소송법의 규범력은 확고히 유지되어야** 하고, 참여권에 관한 규정을 비롯하여 **형사소송법이 정한 압수·수색절차에 관한 구체적 규정들은 헌법 원칙인 적법절차와 영장주의를 구현하는 관점에 따라 해석·실현되어야** 한다.

[3] 형사소송법 제123조는 '영장의 집행과 책임자의 참여'라는 표제 아래, 공무소, 군사용 항공기 또는 선박·차량 안에서 압수·수색영장을 집행하려면 그 책임자에게 참여할 것을 통지하여야 하고(제1항), 제1항에서 규정한 장소 외에 타인의 주거, 간수자 있는 가옥, 건조물, 항공기 또는 선박·차량 안(이하 '**주거지 등**')에서 압수·수색영장을 집행할 때에는 주거주, 간수자 또는 이에 준하는 사람(이하 '**주거주 등**')을 참여하게 하여야 하며(제2항), 주거주 등을 참여하게 하지 못할 때에는 이웃 사람 또는 지방공공단체의 직원(이하 '**이웃 등**'이라고 한다)을 참여하게 하여야 한다(제3항)고 규정하고 있다. 이는 형사소송법 제219조에 의해 수사기관의 압수·수색영장 집행에서도 준용된다. 형사소송법 제123조 제2항, 제3항, 제219조가 주거지 등에서 압수·수색영장을 집행할 때 주거주 등이나 이웃 등을 참여하도록 한 것은 주거의 자유나 사생활의 비밀과 자유와 같은 **기본권 보호의 필요성이 특히 요구되는 장소에 관하여 밀접한 이해관계를 갖는 사람을 참여시켜 영장집행절차의 적정성을 담보함**으로써 수사기관이나 법원의 강제처분을 받는 당사자를 보호하고 궁극적으로 국민의 기본권을 보호하려는 데 그 취지가 있다. 이러한 점에 비추어 보면 형사소송법 제123조 제2항, 제3항, 제219조에서 정한 바에 따라 **압수·수색영장의 집행에 참여하는 주거주 등 또는 이웃 등은 최소한 압수·수색절차의 의미를 이해할 수 있는 정도의 능력**(이하 '**참여능력**')을 갖추고 있어야 한다. 압수·수색영장의 집행에 참여하는 주거주 등 또는 이웃 등이 참여능력을 갖추지 못한 경우에는 영장의 집행 과정에서 발생할 수 있는 **위법·부당한 처분**이나 행위로부터 당사자를 보호하고 영장집행절차의 적정성을 담보하려는 형사소송법의 입법 취지나 기본권 보호·적법절차·영장주의 등 헌법적 요청을 실효적으로 달성하기 어렵기 때문이다.

[4] 형사소송법 제123조 제2항과 제3항은 주거주, 간수자 또는 이에 준하는 사람(이하 '주거주 등')이나 이웃 사람 또는 지방공공단체의 직원(이하 '**이웃 등**')의 참여에 관하여 그 참여 없이 압수·수색영장을 집행할 수 있는 예외를 인정하지 않고 있다. 이는 형사소송법 제121조, 제122조에서 압수·수색영장의 집행에 대한 검사, 피의자, 변호인의 참여에 대하여 급속을 요하는 등의 경우 집행의 일시와 장소의 통지 없이 압수·수색영장을 집행할 수 있다고 한 것과 다른 점이다. 따라서 형사소송법 제123조 제2항에서 정한 타인의 주거, 간수자 있는 가옥, 건조물, 항공기 또는 선박·차량 안에 대한 압수·수색영장의 집행이 주거주 등이나 이웃 등의 참여 없이 이루어진 경우 특별한 사정이 없는 한 그러한 압수·수색영장의 집행은 위법하다고 보아야 한다. 나아가 **주거주 등 또는 이웃 등이 참여하였다고 하더라도** 그 참여자에게 최소한 압수·수색절차의 의미를 이해할 수 있는 정도의 능력(**참여능력**)이 없거나 부족한 경우에는, 주거주 등이나 이웃 등의 참여 없이 이루어진 것과 마찬가지로 형사소송법 제123조 제2항, 제3항에서 정한 압수·수색절차의 적법요건이 갖추어졌다고 볼 수 없으므로 그러한 압수·수색영장의 **집행도 위법**하다.

[5] 형사소송법 제123조 제2항, 제3항에 따라 **압수·수색영장의 집행에 참여하는 주거주, 간수자 또는 이에 준하는 사람**(이하 '주거주 등')이나 **이웃 사람 또는 지방공공단체의 직원**(이하 '이웃 등')에게도 의사소통이나 의사표현에 어려움을 겪는 장애가 있을 수 있으므로, **압수·수색영장을 집행하는 수사기관으로서는 그러한 장애가 있는 참여자에 대하여** 장애인차별금지법 제26조 제6항의 취지에 맞는 적법한 조치를 취함으로써 형사소송법 제123조 제2항, 제3항이 요구하는 **압수·수색절차의 적법요건이 갖추어질 수 있도록** 하여야 한다.

[6] **이러한 법리는**, 타인의 주거, 간수자 있는 가옥, 건조물, 항공기 또는 선박·차량 안 (이하 '**주거지 등**')에 대한 압수·수색에서 피의자가 동시에 주거주 등인 경우에도 동일하게 적용된다. 형사소송법이 제121조, 제122조, 제219조에서 '당사자의 참여권'이라는 표제 아래 검사, 피의자, 변호인의 참여권을 규정하면서도 제123조에서 '책임자의 참여'라는 표제로 주거주 등이나 이웃 등의 필요적 참여를 별도로 정하고 있고, '당사자의 참여권'과 '책임자의 참여'는 그 취지나 목적, 보호법익이 동일하지 않기 때문이다. 따라서 **피의자가 주거주 등인 주거지 등에서 압수·수색영장을 집행**하는 경우 피의자에게 최소한 압수·수색절차의 의미를 이해할 수 있는 정도의 능력(이하 '참여능력')이 없다면 그 피의자만 참여하는 것으로는 부족하고, 수사기관은 형사소송법 제123조 제3항에 따라 **참여능력이 있는 이웃 등을 함께 참여시켜야** 한다. 이때 참여능력이 없는 피의자만이 참여하였다면 그 압수·수색은 형사소송법 제123조 제2항, 제3항을 위반한 것으로 **원칙적으로 위법**하다.

[7] 형사소송법 제123조 제2항, 제3항, 제219조에 따라 **압수·수색절차에 참여한 참여자와 관련하여 해당 절차의 적법요건이 갖추어졌는지는**, 수사기관이 인식하였거나 인식할 수 있었던 사정 등을 포함하여 **압수·수색 당시를 기준으로 외형적으로 인식 가능한 사실상의 상태를 살펴 판단하여야** 한다. 압수·수색 당시 수사기관이 인식할 수 없었던 참여자의 내부적, 주관적 사정이나 참여자의 객관적 능력에 관한 법률적·사후적인 판단은 고려대상이 **아니다**(2024. 10. 8. 선고 2020도11223).

---

⑨ 경찰공무원 외에 생명보험협회 소속 치과위생사가 집행에 참여한 압수수색의 적법 여부가 문제된 사건

[1] 압수·수색영장은 검사의 지휘에 의하여 사법경찰관리가 집행하고(형사소송법 제115조 제1항), 그 집행을 위하여 잠금장치를 열거나 개봉 기타 필요한 처분을 할 수 있으며(형사소송법 제120조 제1항), 타인의 출입을 금지할 수 있다(형사소송법 제119조 제1항). 한편 **검사, 피고인 또는 변호인**(이하 '참여권자')은 압수·수색영장 집행에 참여할 수 있고(형사소송법 제121조), 그 집행에 앞서 참여권자가 참여하지 아니한다는 의사를 명시한 때 또는 급속을 요하는 때 이외에는 미리 집행의 일시와 장소를 참여권자에게 통지하여야 한다(형사소송법 제122조). 공무소, 군용 항공기 또는 선박·차량 안에서 압수·수색영장을 집행하려면 그 책임자에게 참여할 것을 통지하여야 하고, 타인의 주거, 간수자 있는 가옥, 건조물, 항공기 또는 선박·차량 안에서 압수·수색영장을 집행할 때에는 주거주, 간수자 또는 이에 준하는 사람을 참여하게 하여야 하며, 이들을 참여하게 하지 못할 때에는 이웃 사람 또는 지방공공단체의 직원을

참여하게 하여야 한다(형사소송법 제123조). 그리고 **여자의 신체에 대하여 수색할 때에는 성년의 여자를 참여하게 하여야** 한다(형사소송법 제124조). **형사소송법은 수소법원의 압수·수색·검증**에 관한 위와 같은 규정을 **수사기관이 행하는 압수·수색·검증에 준용**하고 있다(형사소송법 제219조).

[2] 형사소송법 제199조 제1항 단서는 "강제처분은 이 법률에 특별한 규정이 있는 경우에 한하며, 필요한 최소한도의 범위 안에서만 하여야 한다."라고 규정하여 **강제처분 법정주의**를 취하고 있으므로, 형사소송법에 근거하지 아니한 수사기관의 강제처분은 허용될 수 없다. 압수·수색은 주거의 자유나 사생활의 비밀과 자유를 중대하게 제한하는 강제처분이다.

[3] 따라서 **수사기관은 강제채혈, 강제채뇨 등과 같이 강제처분이 법률상 의료인 아닌 자가 수행할 수 없는 의료행위를 수반**하는 경우, **잠금장치 해제, 전자정보의 복호화나 중량 압수물의 운반과 같이 단순한 기술적, 사실적 보조가 필요한 경우**, **압수·수색 후 환부 대상이 될 도품의 특정을 위하여 필요한 경우** 등 제한적 범위 내에서 압수·수색영장의 집행기관인 **사법경찰관리의 엄격한 감시·감독 하에 제3자의 집행 조력이 정당화될 수 있는 예외적인 경우가 아닌 이상 압수·수색 현장에 형사소송법상 참여권자나 참여할 수 있도록 규정된 사람 이외의 사람을 참여시킬 수는 없고, 참여가 허용된 사람 이외의 제3자를 임의로 참여케 하여 압수·수색영장을 집행하거나 영장 없이 압수·수색을 한 것은 위법**하다.

[4] (사실관계) 사법경찰관은 압수·수색영장에 기하여 준항고인이 운영하는 치과병원을 수색하면서 생명보험협회 소속 치과위생사 1명을 참여케 하였는데, 치과위생사는 약 6명의 경찰관들과 함께 병원에 진입하여 압수·수색 전과정에 참여하였고, 사법경찰관은 그 수색을 통하여 병원에 보관되어 있던 유체물과 전자정보를 압수(이하 '이 사건 압수처분')하였다. 준항고인은 이 사건 압수처분에 대하여 준항고를 제기하였다.

[5] (대법원은 위와 같은 법리를 설시하면서) ① **이 사건 압수처분이 법률상 의료기사인 치과위생사만이 할 수 있는 행위를 수반한다고 보기 어려운 점**, ② **치과위생사가 이 사건 압수처분 당시 한 압수 대상물 분류, PC 탐색 등과 같은 행위는 전자정보 복호화, 잠금장치 해제나 중량 압수물 운반과 같이 단순한 기술적, 사실적 보조에 그친다고 보기 어려운 점**, ③ 이 사건 압수처분을 통하여 **압수된 유체물이나 전자정보가 치과위생사 혹은 생명보험협회에게 환부되어야 할 물건이나 전자정보로 보기 어려운 점**, ④ **치과위생사가 사법경찰관의 압수·수색 과정에 참여한 것이 정당화될 수 있는 예외적인 경우에 해당한다고 볼 만한 특별한 사정을 찾을 수 없고**, 치과위생사는 보험사기의 피해자인 개별 생명보험회사의 공동 이익 증진 등을 위해 설립된 단체인 생명보험협회의 사용인으로 이들과 이해관계를 같이 한다고 볼 여지도 있는 점 등에 비추어 보면, 사법경찰관이 이 사건 압수처분 당시 형사소송법이 규정한 참여권자 또는 참여할 수 있도록 규정된 사람 이외의 제3자인 치과위생사를 압수·수색 전과정에 참여케 한 행위는 강제처분에 있어 **헌법과 형사소송법이 정한 절차에 따르지 아니한 것으로 위법**하고, 그 위반의 정도도 무거우므로, **이 사건 압수처분이 취소되어야** 한다(2020모3326).

⑩ **제216조 제3항**에서 범행 중 또는 범행 직후의 범죄 장소에서 영장 없이 압수한

물건에 대하여 압수수색영장을 청구하였다가 영장을 발부받지 못한 경우, 수사기관은 압수한 물건을 즉시 반환하여야 하는지 여부(적극) 및 이때 압수한 물건을 즉시 반환한다는 것의 의미

형사소송법 제216조 제3항은 "범행 중 또는 범행 직후의 범죄 장소에서 긴급을 요하여 법원판사의 영장을 받을 수 없는 때에는 영장 없이 압수, 수색 또는 검증을 할 수 있다. 이 경우에는 사후에 지체 없이 영장을 받아야 한다."라고 규정하고 있다. 이 규정에 따라 압수수색영장을 청구하였다가 영장을 발부받지 못한 때에는 수사기관은 압수한 물건을 즉시 반환하여야 하고, 즉시 반환하지 아니한 압수물은 유죄의 증거로 사용할 수 없으며, 헌법과 형사소송법이 선언한 영장주의의 중요성에 비추어 볼 때 피고인이나 변호인이 이를 증거로 함에 동의하였다고 하더라도 달리 볼 것은 아니다. 여기서 압수한 물건을 즉시 반환한다는 것은 수사기관이 압수한 물건을 곧바로 반환하는 것이 현저히 곤란하다는 등의 특별한 사정이 없는 한 영장을 청구하였다가 기각되는 바로 그때에 압수물을 돌려주기 위한 절차에 착수하여 그 절차를 지연하거나 불필요하게 수사기관의 점유를 계속하는 등으로 지체함이 없이 적극적으로 압수 이전의 상태로 회복시켜 주는 것을 의미한다(2024. 10. 8. 선고 2024도10062).

---

⑪ 압수물과 혐의사실과의 관련성 여부에 관한 평가 및 그에 필요한 추가 수사를 이유로 압수목록 작성·교부의무를 해태·거부할 수 있는지 여부(소극)

[1] 수사기관은 압수를 한 경우 압수경위를 기재한 압수조서와 압수물의 특징을 구체적으로 기재한 압수목록을 작성하고, 압수목록은 압수물의 소유자·소지자·보관자 기타 이에 준하는 사람에게 교부하여야 한다(형사소송법 제219조, 제129조). 압수조서에는 작성연월일과 함께 품종, 외형상의 특징과 수량을 기재하여야 하고(형사소송법 제49조 제3항, 제57조 제1항), 그 내용은 객관적 사실에 부합하여야 하므로, 압수목록 역시 압수물의 특징을 객관적 사실에 맞게 구체적으로 기재하여야 하는데, 압수방법·장소·대상자별로 명확히 구분한 후 압수물의 품종·종류·명칭·수량·외형상 특징 등을 최대한 구체적이고 정확하게 특정하여 기재 하여야 한다. 이는 수사기관의 압수 처분에 대한 사후적 통제수단임과 동시에 피압수자 등이 압수물에 대한 환부·가환부 청구를 하거나 부당한 압수처분에 대한 준항고를 하는 등 권리행사절차를 밟는 데 가장 기초적인 자료가 되므로, 이러한 권리행사에 지장이 없도록 압수 직후 현장에서 바로 작성하여 교부하는 것이 원칙이다.

[2] 한편 임의 제출에 따른 압수(형사소송법 제218조)의 경우에도 압수물에 대한 수사기관의 점유 취득이 제출자의 의사에 따라 이루어진다는 점에서만 차이가 있을 뿐 범죄혐의를 전제로 한 수사 목적이나 압수의 효력은 영장에 의한 압수의 경우와 동일하므로, 헌법상 기본권에 관한 수사기관의 부당한 침해로부터 신속하게 권리를 구제받을 수 있도록 수사기관은 영장에 의한 압수와 마찬가지로 객관적·구체적인 압수목록을 신속하게 작성·교부할 의무를 부담한다.

[3] 다만 적법하게 발부된 영장의 기재는 그 집행의 적법성 판단의 우선적인 기준이 되어야 하므로, 예

외적으로 압수물의 수량·종류·특성 기타의 사정상 압수 직후 현장에서 압수목록을 작성·교부하지 않을 수 있다는 취지가 영장에 명시되어 있고, 이와 같은 특수한 사정이 실제로 존재하는 경우에는 압수영장을 집행한 후 일정한 기간이 경과하고서 압수목록을 작성·교부할 수도 있으나, 압수목록 작성·교부 시기의 예외에 관한 영장의 기재는 피의자·피압수자 등의 압수 처분에 대한 권리구제절차 또는 불복절차가 형해화되지 않도록 그 취지에 맞게 엄격히 해석되어야 하고, 나아가 예외적 적용의 전제가 되는 특수한 사정의 존재 여부는 수사기관이 이를 증명하여야 하며, 그 기간 역시 필요 최소한에 그쳐야 한다. 또한 영장에 의한 압수 및 그 대상물에 대한 확인조치가 끝나면 그것으로 압수절차는 종료되고, 압수물과 혐의사실과의 관련성 여부에 관한 평가 및 그에 필요한 추가 수사는 압수절차 종료 이후의 사정에 불과하므로 이를 이유로 압수 직후 이루어져야 하는 압수목록 작성·교부의무를 해태·거부할 수는 없다(2024. 1. 5. 자 2021모385).

---

⑫ 범죄수사를 위해 정보저장매체의 압수가 필요하고, 정보저장매체를 소지하던 사람이 그에 관한 권리를 포기하였거나 포기한 것으로 인식할 수 있는 경우

[1] 형사소송법 제215조 제1항은 '범죄수사에 필요한 때에는 피의자가 죄를 범하였다고 의심할 만한 정황이 있고 해당 사건과 관계가 있다고 인정할 수 있는 것에 한정하여 지방법원판사에게 청구하여 발부받은 영장에 의하여 압수, 수색 또는 검증을 할 수 있다.'고 규정하고 있다.

[2] 그러나 유류물 압수의 근거인 형사소송법 제218조는 유류물을 압수하는 경우에 사전, 사후에 영장을 받을 것을 요구하지 않는다. 유류물 압수와 같은 조문에 규정된 임의제출물 압수의 경우, 제출자가 제출·압수의 대상을 개별적으로 지정하거나 그 범위를 한정할 수 있으나, 유류물 압수는 그와 같은 제출자의 존재를 생각하기도 어렵다. 따라서 유류물 압수·수색에 대해서는 원칙적으로 영장에 의한 압수·수색·검증에 관하여 적용되는 형사소송법 제215조 제1항이나 임의제출물 압수에 관하여 적용되는 형사소송법 제219조에 의하여 준용되는 제106조 제1항, 제3항, 제4항에 따른 관련성의 제한이 적용된다고 보기 어렵다.

[3] 정보저장매체에 대한 압수·수색에 있어, 압수·수색 당시 또는 이와 시간적으로 근접한 시기까지 정보저장매체를 현실적으로 지배·관리하면서 그 정보저장매체 내 전자정보 전반에 관한 전속적인 관리처분권을 보유·행사하고, 달리 이를 자신의 의사에 따라 제3자에게 양도하거나 포기하지 아니한 경우에는, 그 지배·관리자인 피의자를 정보저장매체에 저장된 전자정보 전반에 대한 실질적인 압수·수색 당사자로 평가할 수 있다.

[4] 그러나 유류물 압수는 수사기관이 소유권이나 관리처분권이 처음부터 존재하지 않거나, 존재하였지만 적법하게 포기된 물건, 또는 그와 같은 외관을 가진 물건 등의 점유를 수사상 필요에 따라 취득하는 수사방법을 말한다. 따라서 유류물 압수에 있어서는 정보저장매체의 현실적 지배·관리 혹은 이에 담겨있는 전자정보 전반에 관한 전속적인 관리처분권을 인정하기 어렵다. 정보저장매체를 소지하고 있던 사람이 이를 분실한 경우와 같이 그 권리를 포기하였다고 단정하기 어려운 경우에도, 수사기관이 그러한

사정을 알거나 충분히 알 수 있었음에도 이를 유류물로서 영장 없이 압수하였다는 등의 특별한 사정이 없는 한, 영장에 의한 압수나 임의제출물 압수와 같이 수사기관의 압수 당시 참여권 행사의 주체가 되는 피압수자가 존재한다고 평가할 수는 없다.
[5] 따라서 범죄수사를 위해 정보저장매체의 압수가 필요하고, 정보저장매체를 소지하던 사람이 그에 관한 권리를 포기하였거나 포기한 것으로 인식할 수 있는 경우에는, 수사기관이 형사소송법 제218조에 따라 피의자 기타 사람이 유류한 정보저장매체를 영장 없이 압수할 때 해당 사건과 관계가 있다고 인정할 수 있는 것에 압수의 대상이나 범위가 한정된다거나, 참여권자의 참여가 필수적이라고 볼 수는 없다(2024. 7. 25. 선고 2021도1181).

⑬ 수사기관의 압수물 환부에 관한 형사소송법 제417조 준항고의 요건 및 공소 제기 이후의 단계에서 검사의 압수물에 대한 처분에 관하여 준항고로 다툴 수 있는지 여부(소극)

[1] 수사기관의 압수물의 환부에 관한 형사소송법 제417조의 준항고는 검사 또는 사법경찰관이 수사단계에서 압수물의 환부에 관하여 처분을 할 권한을 가지고 있을 경우에 그 처분에 관하여 제기할 수 있는 불복절차이다. 공소제기 이전의 수사 단계에서는 압수물 환부·가환부에 관한 처분권한이 수사기관에 있으나 공소제기 이후의 단계에서는 위 권한이 수소법원에 있으므로 검사의 압수물에 대한 처분에 관하여 형사소송법 제417조의 준항고로 다툴 수 없다. 또한 형사소송법 제332조에 따라 압수물에 대한 몰수의 선고가 포함되지 않은 판결이 확정된 때에는 압수가 해제된 것으로 간주되므로 이 경우 검사에게는 압수물 환부에 대한 처분을 할 권한이 없다.
[2] 형사소송법 제417조의 준항고에 관하여 같은 법 제419조는 같은 법 제409조의 보통항고의 효력에 관한 규정을 준용하고 있다. 따라서 형사소송법 제417조의 준항고는 항고의 실익이 있는 한 제기기간에 아무런 제한이 없다(2024. 3. 12. 자 2022모2352).

⑭ 수사기관이 적법한 절차와 방법에 따라 범죄를 수사하면서 현재 그 범행이 행하여지고 있거나 행하여진 직후이고, 증거보전의 필요성 및 긴급성이 있으며, 일반적으로 허용되는 상당한 방법으로 범행현장에서 현행범인 등 관련자들과 수사기관의 대화를 녹음한 경우, 위 녹음이 영장 없이 이루어졌다는 이유로 위법하다고 단정할 수 있는지 여부(소극)

[1] 수사기관이 적법한 절차와 방법에 따라 범죄를 수사하면서 현재 그 범행이 행하여지고 있거나 행하

여진 직후이고, 증거보전의 필요성 및 긴급성이 있으며, 일반적으로 허용되는 상당한 방법으로 범행현장에서 현행범인 등 관련자들과 수사기관의 대화를 녹음한 경우라면, 위 녹음이 영장 없이 이루어졌다 하여 위법하다고 단정할 수 없다. 이는 설령 그 녹음이 행하여지고 있는 사실을 현장에 있던 대화상대방, 즉 현행범인 등 관련자들이 인식하지 못하고 있었더라도, 통신비밀보호법 제3조 제1항이 금지하는 공개되지 아니한 타인 간의 대화를 녹음한 경우에 해당하지 않는 이상 마찬가지이다. 다만 수사기관이 일반적으로 허용되는 상당한 방법으로 녹음하였는지는 수사기관이 녹음장소에 통상적인 방법으로 출입하였는지, 녹음의 내용이 대화의 비밀 내지 사생활의 비밀과 자유 등에 대한 보호가 합리적으로 기대되는 영역에 속하는지 등을 종합적으로 고려하여 신중하게 판단하여야 한다.

[2] 피의자의 진술을 녹취 내지 기재한 서류 또는 문서가 수사기관에서의 조사 과정에서 작성된 것이라면, 그것이 '진술조서, 진술서, 자술서'라는 형식을 취하였다고 하더라도 피의자신문조서와 달리 볼 수 없고, 한편 형사소송법이 보장하는 피의자의 진술거부권은 헌법이 보장하는 형사상 자기에 불리한 진술을 강요당하지 않는 자기부죄거부의 권리에 터 잡은 것이므로 수사기관이 피의자를 신문함에 있어서 피의자에게 미리 진술거부권을 고지하지 않은 때에는 그 피의자의 진술은 위법하게 수집된 증거로서 진술의 임의성이 인정되는 경우라도 증거능력이 부인되어야 한다. 피의자에 대한 진술거부권의 고지는 피의자의 진술거부권을 실효적으로 보장하여 진술이 강요되는 것을 막기 위하여 인정되는 것인데, 이러한 진술거부권 고지에 관한 형사소송법의 규정 내용 및 진술거부권 고지가 갖는 실질적인 의미를 고려하면, 수사기관에 의한 진술거부권 고지의 대상이 되는 피의자의 지위는 수사기관이 조사대상자에 대하여 범죄의 혐의가 있다고 보아 실질적으로 수사를 개시하는 행위를 한 때에 인정되는 것으로 봄이 타당하다. 따라서 이러한 피의자의 지위에 있지 아니한 자에 대하여는 진술거부권이 고지되지 아니하였다 하더라도 그 진술의 증거능력을 부정할 것은 아니다.

[3] (녹취CD의 증거능력) 이 사건 녹음은 대화의 당사자인 사법경찰관 공소외 2가 손님으로 가장하고 이 사건 성매매업소를 방문하여 위 업소를 운영하는 피고인 및 종업원인 공소외 1과의 대화 내용을 녹음한 것으로 통신비밀보호법 제3조 제1항이 금지하는 공개되지 아니한 타인 간의 대화를 녹음한 경우에 해당하지 않는다. 또한 사전에 제보를 받고 단속현장에 나간 위 사법경찰관은 불특정 다수가 출입할 수 있는 이 사건 성매매업소에 통상적인 방법으로 들어가 적법한 방법으로 수사를 하는 과정에서, 피고인의 이 사건 성매매알선 범행이 행하여진 시점에 위 범행의 증거를 보전하기 위하여 범행 상황을 녹음하였다. 녹음의 내용이 대화의 비밀 내지 사생활의 비밀과 자유 등에 대한 보호가 합리적으로 기대되는 영역에 속한다고 보기도 어렵다. 따라서 위 녹음이 비록 대화상대방인 피고인 및 공소외 1이 인식하지 못한 사이에 영장 없이 이루어졌다 하여 이를 위법하다고 할 수 없다.

[4] (이 사건 사진의 증거능력) 1) 검사 또는 사법경찰관은 형사소송법 제212조의 규정에 의하여 피의자를 현행범인으로 체포하는 경우에 필요한 때에는 체포현장에서 영장 없이 압수·수색·검증을 할 수 있다(형사소송법 제216조 제1항 제2호). 다만 이와 같이 압수한 물건을 계속 압수할 필요가 있는 경우에는 체포한 때부터 48시간 이내에 지체 없이 압수영장을 청구하여야 한다(형사소송법 제217조 제2항). 2) 앞서 본 사실관계에 의하면, 사법경찰관 공소외 2는 이 사건 성매매알선 행위를 범죄 사실로 하여 피고인을 현행범인으로 체포하였고, 단속 경찰관들이 그 체포현장인 이 사건 성매매업소를 수색하여 체포의 원인이 되는 이 사건 성매매알선 혐의사실과 관련하여 이 사건 사진 촬영을 하였다. 이는 형

사소송법 제216조 제1항 제2호에 의하여 예외적으로 영장에 의하지 아니한 강제처분을 할 수 있는 경우에 해당한다고 봄이 상당하므로 그 수색이나 촬영이 영장 없이 이루어졌다고 하더라도 위법하다고 할 수 없다. 나아가 압수는 증거물 또는 몰수할 것으로 사료되는 물건의 점유를 취득하는 강제처분인데, 범행현장에서 발견된 콘돔을 촬영하였다는 사정만으로는 단속 경찰관들이 강제로 그 점유를 취득하여 이를 압수하였다고 할 수 없으므로 사후에 압수영장을 받을 필요가 있었다고 보기도 어렵다. 따라서 이 사건 사진의 증거능력이 인정된다.

[3] (여종업원 공소외 1의 진술서의 증거능력) 공소외 1의 진술서에 기재된 내용은 피고인의 이 사건 성매매알선 행위에 관한 것에 한정되고, 성매매미수범에 관한 처벌규정이 없는 이상 이 사건 성매매알선 행위에 따라 실제로 성매매 행위를 하지 않은 공소외 1에 대한 범죄혐의사실이 위 진술서에 포함되어 있다고 볼 수 없다. 공소외 1이 진술서를 작성하고 이 사건의 참고인으로 조사를 받을 당시 또는 그 후라도 실질적으로 공소외 1의 범죄혐의사실에 대한 수사가 개시되어 공소외 1이 피의자의 지위에 있게 되었다고 볼만한 아무런 객관적인 자료가 없고, 공소외 1에 대한 수사를 개시할 수 있는 상태이었는데도 진술거부권 고지를 잠탈할 의도로 피의자 신문이 아닌 참고인 조사의 형식을 취한 것으로 볼 만한 사정도 기록상 찾을 수 없다. 따라서 공소외 1이 피의자로서의 지위가 아닌 참고인으로서 조사를 받으면서 **수사기관으로부터 진술거부권을 고지받지 않았**더라도 그 이유만으로 그 진술이 위법수집증거로서 증거능력이 없다고 할 수 없다(2024. 5. 30. 선고 2020도9370).

[13] 수사상 증거보전
[14] 검사의 수사종결
[15] 불기소처분에 대한 불복
[16] 경찰의 수사종결 및 통지
[17] 공소제기 후의 수사

[증거]

[1] 증거 일반

① 형사소송법에서 정한 절차와 방식에 따른 증인신문절차를 거치지 아니한 채 증인에 대하여 선서 없이 법관이 임의의 방법으로 청취한 진술과 그 진술의 형식적 변형에 불과한 증거(녹음파일 등)의 증거능력 유무(소극)

[1] 헌법은 제12조 제1항 후문에서 적법절차원칙을 천명하고, 제27조에서 '법률에 의한 재판을 받을 권리'를 보장하고 있다. 형사소송법은 이를 실질적으로 구현하기 위하여, 피고사건에 대한 실체 심리는 공개된 법정에서 검사와 피고인 양 당사자의 공격·방어활동에 의하여 행해져야 한다는 **당사자주의와 공판중심주의 원칙** 및 공소사실의 인정은 법관의 면전에서 직접 조사한 증거만을 재판의 기초로 해야 한다는 **직접심리주의와 증거재판주의 원칙**을 기본원칙으로 채택하고 있다.

[2] 형사소송법은 증인 등 인증(人證), 증거서류와 증거물 및 그 밖의 증거를 구분한 다음 **각각의 증거방법에 대한 증거조사 방식을 개별적·구체적으로 규정**하여 위와 같은 헌법적 형사소송의 이념을 구체화하고 있다. 특히 **형사소송법 제1편 제12장 및 형사소송규칙 제1편 제12장에서 증인에 대한 증거조사를 '신문'의 방식으로** 하면서 소환방법과 법정에 불출석할 경우의 제재와 조치, 출석한 증인에 대한 선서와 위증의 벌의 경고, 증언거부권 고지 및 신문의 구체적인 방식 등에 대하여 엄격한 절차 규정을 두는 한편, **법정 외 신문(제165조), 비디오 등 중계장치 등에 의한 증인신문(제165조의2)** 규정에서 정한 사유 등이 있는 때에만 예외적으로 증인이 직접 법정에 출석하지 않고 증언할 수 있도록 정하였다. 이는 사건의 실체를 규명하는 데 가장 직접적이고 핵심적인 증인으로 하여금 원칙적으로 공개된 법정에 출석하여 **법관 앞에서 선서한 후 정해진 절차에 따른 신문의 방식으로 증언하도록** 하여 재판의 공정성과 증언의 확실성·진실성을 담보하고, 법관은 그러한 증인의 진술을 토대로 형성된 유무죄의 심증에 따라 사건의 실체를 규명하도록 하기 위함이다.

[3] 그러므로 **범죄사실의 인정을 위한 증거조사**는 특별한 사정이 없는 한 **공개된 법정에서 법률이 그 증거방법에 따라 정한 방식으로 하여야** 하고, 이를 토대로 형성된 심증에 따라 공소가 제기된 범죄사실이 합리적인 의심이 없는 정도로 증명되었는지를 판단하여야 한다. 형사소송법에서 정한 절차와 방식에 따른 증인신문절차를 거치지 아니한 채 증인에 대하여 선서 없이 법관이 임의의 방법으로 청취한 진술과 그 진술의 형식적 변형에 불과한 증거(녹음파일 등)는 적법한 증거조사 절차를 거치지 않은 증거로서 **증거능력이 없다**. 따라서 사실인정의 자료로 삼을 수도 없고, 피고인이나 변호인이 그러한 절차 진행에 동의하였다거나 사후에 그와 같은 증거조사 결과에 대하여 이의를 제기하지 아니하고 **그 녹음파일 등을 증거로 함에 동의하였더라도 그 위법성이 치유되지 않는**다(2024. 9. 12. 선고 2020도14843).

[2] 증명의 기본원칙

① 자유심증주의의 의미와 한계 및 형사재판에서 유죄의 인정을 위한 심증 형성의 정도에서 '합리적 의심'의 의미

[1] 자유심증주의를 규정한 형사소송법 제308조가 증거의 증명력을 법관의 자유판단에 의하도록 한 것은 그것이 실체적 진실발견에 적합하기 때문이므로, 증거판단에 관한 전권을 가지고 있는 사실심 법관은 사실인정을 위하여 공판절차에서 획득된 인식과 조사된 증거를 남김없이 고려하여야 한다.
[2] 또한 증거의 증명력에 대한 법관의 판단은 논리와 경험칙에 합치하여야 하고, 형사재판에서 유죄의 인정을 위한 심증 형성의 정도는 합리적인 의심을 할 여지가 없을 정도여야 하나, 이는 모든 가능한 의심을 배제할 정도에 이를 것까지 요구하는 것은 아니고, 증명력이 있는 것으로 인정되는 증거를 합리적인 근거가 없는 의심을 일으켜 배척하는 것은 자유심증주의의 한계를 벗어나는 것으로 허용될 수 없다.
[3] 합리적 의심이란 모든 의문, 불신을 포함하는 것이 아니라 논리와 경험칙에 기하여 요증사실과 양립할 수 없는 사실의 개연성에 대한 합리성 있는 의문을 의미하는 것으로, 단순히 관념적인 의심이나 추상적인 가능성에 기초한 의심은 합리적 의심에 포함된다고 할 수 없다(2023. 11. 16. 선고 2023도11559).

---

② 성폭력 사건에서 피고인이 공소사실을 부인하고 있고 공소사실에 부합하는 직접증거로 사실상 피해자의 진술이 유일한 경우, 피해자의 진술이 합리적인 의심을 배제할 만한 신빙성이 있는지 판단하는 방법 및 사소한 사항에 관한 진술에 다소 일관성이 없다는 등의 사정만으로 그 진술의 신빙성을 배척할 수 있는지 여부(원칙적 소극)

[1] 형사소송법이 채택하고 있는 직접심리주의의 정신에 따라 제1심 증인의 진술에 대한 제1심과 항소심의 신빙성 평가 방법의 차이를 고려해 보면, 제1심판결 내용과 제1심에서 적법하게 증거조사를 거친 증거들에 비추어 제1심 증인이 한 진술의 신빙성 유무에 대한 제1심의 판단이 명백하게 잘못되었다고 볼 특별한 사정이 있거나, 제1심의 증거조사 결과와 항소심 변론종결 시까지 추가로 이루어진 증거조사 결과를 종합하여 제1심 증인이 한 진술의 신빙성 유무에 대한 제1심의 판단을 그대로 유지하는 것이 현저히 부당하다고 인정되는 예외적인 경우가 아니라면, 항소심으로서는 제1심 증인이 한 진술의 신빙성 유무에 대한 제1심의 판단이 항소심의 판단과 다르다는 이유만으로 이에 대한 제1심의 판단을 함부로 뒤집어서는 아니 된다.
[2] 성폭력 사건에서 피고인이 공소사실을 부인하고 있고 공소사실에 부합하는 직접증거로 사실상 피해자의 진술이 유일한 경우, 피해자의 진술이 합리적인 의심을 배제할 만한 신빙성이 있는지는 그 진술내용의 주요한 부분이 일관되고 구체적인지, 진술내용이 논리와 경험칙에 비추어 합리적이고, 진술 자체로 모순되거나 객관적으로 확인된 사실이나 사정과 모순되지는 않는지, 또는 허위로 피고인에게 불리한 진술을 할 만한 동기나 이유가 있는지 등을 종합적으로 고려하여 신중하게 판단하여야 하고, 그 밖의 사소한 사항에 관한 진술에 다소 일관성이 없다는 등의 사정만으로 그 진술의 신빙성을 특별한 이유

없이 함부로 배척해서는 아니 된다.
[3] 중대장인 피고인이 같은 중대 소대장인 피해자 甲이 실제로는 항거불능 상태에서 잠이 든 것이 아님에도 취기로 잠들어 항거불능 상태에 있다고 오인하고, 甲의 항거불능 상태를 이용하여 추행하려고 하였으나 미수에 그쳤다는 내용으로 기소된 사안에서, 甲은 수사기관부터 제1심 법정에 이르기까지 피해사실의 주된 부분에 관하여 직접 경험한 사람이 아니면 진술하기 힘든 세밀한 정보를 포함하여 구체적이고 일관된 진술을 한 점, 甲은 동료들에 의해 침대로 옮겨질 때 눈을 감고 자는 척을 하고 있었다고 진술하였고, 추가 피해를 막기 위해 피고인이 다시 방으로 들어온 상황을 포함하여 甲이 진술한 추행 시점 이후의 상황을 모두 녹음하였으므로, 누가 자신을 들어서 옮겨 놓았는지, 추행 시점 이후에 방에 누가 들어왔는지 등을 정확하게 기억하지 못한다는 사정만으로 甲 진술의 신빙성을 배척하기는 어려운 점, 甲이 진술한 신체접촉의 부위, 추행행위의 태양과 내용은 甲을 들어서 침대로 옮기거나 흔들어 깨우는 과정에서 발생할 수 있는 신체접촉의 부위, 행위태양과는 구별되는 점 등을 종합하면, 甲 진술의 신빙성에 관한 제1심의 판단이 명백하게 잘못되었다고 볼 특별한 사정이 있거나 그 판단을 그대로 유지하는 것이 현저히 부당하다고 인정되는 예외적인 경우에 해당 한다고 단정하기 어렵다는 이유로, 제1심이 이미 고려한 사정 또는 공소사실과 직접적인 관련이 없는 부수적인 사정만을 들어 甲 진술의 신빙성에 관한 제1심의 판단을 뒤집어 공소사실에 관하여 무죄를 선고한 원심판단에 공판중심주의와 직접심리주의 원칙을 위반한 잘못이 있다(2024. 11. 28. 선고 2024도12324).

③ 시간당 알코올분해량에 관하여 알려져 있는 신빙성 있는 통계자료 중 피고인에게 가장 유리한 것을 대입 하여 위드마크 공식을 적용하여 운전 당시의 혈중알코올농도를 추정한 계산결과를 유죄의 인정자료로 사용할 수 있는지 여부(적극)

[1] 음주하고 운전한 직후에 운전자의 혈액이나 호흡 등 표본을 검사하여 혈중알코올농도를 측정할 수 있는 경우가 아니라면 이른바 위드마크(Widmark) 공식을 사용하여 수학적 방법에 따른 계산결과로 운전 당시의 혈중알코올농도를 추정할 수 있다. 운전 시부터 일정한 시간이 경과한 후에 음주측정기 또는 혈액채취 등에 의하여 측정한 혈중알코올농도는 운전 시가 아닌 측정 시의 수치에 지나지 아니하므로 운전 시의 혈중알코올농도를 구하기 위하여는 여기에 운전 시부터 측정 시까지의 알코올분해량을 더하는 방식이 사용된다.
[2] 일반적으로 범죄구성요건 사실의 존부를 알아내기 위하여 위와 같은 과학공식 등의 경험칙을 이용하는 경우에는 그 법칙 적용의 전제가 되는 개별적이고 구체적인 사실에 관하여 엄격한 증명을 요한다. 시간의 경과에 의한 알코올의 분해소멸에 관해서는 평소의 음주정도, 체질, 음주속도, 음주 후 신체활동의 정도 등이 시간당 알코올분해량에 영향을 미칠 수 있으므로, 특별한 사정이 없는 한 해당 운전자의 시간당 알코올분해량이 평균인과 같다고 쉽게 단정할 것이 아니라 증거에 의하여 명확히 밝혀야 하고, 증명을 위하여 필요하다면 전문적인 학식이나 경험이 있는 사람들의 도움 등을 받아야 하며, 만일 공식을 적용할 때 불확실한 점이 남아 있고 그것이 피고인에게 불이익하게 작용한다면 그 계산결과

는 합리적인 의심을 품게 하지 않을 정도의 증명력이 있다고 할 수 없다. 그러나 시간당 알코올분해량에 관하여 알려져 있는 신빙성 있는 통계자료 중 피고인에게 가장 유리한 것을 대입하여 위드마크 공식을 적용하여 운전 시의 혈중알코올농도를 계산하는 것은 피고인에게 실질적인 불이익을 줄 우려가 없으므로 그 계산결과는 유죄의 인정자료로 사용할 수 있다(2023. 12. 28. 선고 2020도6417).

---

④ 피고인이 수사과정에서 공소사실을 부인하였고 그 내용이 기재된 피의자신문조서 등에 관하여 증거동의를 한 경우, 그중 일부만 발췌하여 유죄의 증거로 사용할 수 있는지 여부(소극)

[1] '성폭력처벌법' 제11조의 '공중 밀집 장소에서의 추행죄'의 '추행'이란 일반인을 기준으로 객관적으로 성적 수치심이나 혐오감을 일으키게 하고 선량한 성적 도덕관념에 반하는 행위로서 피해자의 성적 자기결정권을 침해하는 것을 의미한다. 성폭력처벌법 제11조 위반죄가 성립하기 위해서는 주관적 구성요건으로서 추행을 한다는 인식을 전제로 적어도 미필적으로나마 이를 용인하는 내심의 의사가 있어야 하므로, **피고인이 추행의 고의를 부인**하는 경우에는 **고의와 상당한 관련성이 있는 간접사실을 증명하는 방법**에 따를 수밖에 없다.

[2] 이 경우 피고인의 나이·지능·지적능력 및 판단능력, 직업 및 경력, 피고인이 공소사실 기재 행위에 이르게 된 경위와 동기, 피고인과 피해자의 관계, 구체적 행위 태양 및 행위 전후의 정황, 피고인의 평소 행동양태·습관 등 **객관적 사정을 종합하여 판단해야** 하고, 피고인이 고의로 추행을 하였다고 볼 만한 징표와 어긋나는 사실의 의문점이 해소되어야 한다. 이는 피고인이 자폐성 장애인이거나 지적 장애인에 해당하는 경우에도 마찬가지로서, 외관상 드러난 피고인의 언행이 비장애인의 관점에서 이례적이라거나 합리적이지 않다는 이유만으로 함부로 고의를 추단하거나 이를 뒷받침하는 간접사실로 평가해서는 안 되고, 전문가의 진단이나 감정 등을 통해 피고인의 장애 정도, 지적·판단능력 및 행동양식 등을 구체적으로 심리한 후 피고인이 공소사실 기재 행위 당시 특정 범행의 구성요건 해당 여부에 관한 인식을 전제로 이를 용인하는 내심의 의사까지 있었다는 점에 관하여 합리적인 의심을 할 여지가 없을 정도의 확신에 이르러야 한다.

[3] 형사소송법 제307조 제2항이 "범죄사실의 인정은 합리적인 의심이 없는 정도의 증명에 이르러야 한다."라고 정한 것의 의미는, 법관은 검사가 제출하여 공판절차에서 적법하게 채택·조사한 증거만으로 유죄를 인정하여야 하고, 법관이 합리적인 의심을 할 여지가 없을 만큼 확신을 가지는 정도의 증명력을 가진 엄격한 증거에 의하여 공소사실을 증명할 책임은 검사에게 있다는 것이다. 결국 검사가 법관으로 하여금 그만한 확신을 가지게 하는 정도로 증명하지 못한 경우에는 설령 피고인의 주장이나 변명이 모순되거나 석연치 않은 면이 있는 등 **유죄의 의심이 가는 사정**이 있다고 하더라도 **피고인의 이익으로 판단하여야** 한다.

[4] 따라서 **피고인이 유리한 증거를 제출하면서 범행을 부인하는 경우에도 공소사실에 대한 증명책임은 여전히 검사에 있고**, 피고인이 공소사실과 배치되는 자신의 주장 사실에 관하여 증명할 책임까지 부담

하는 것은 아니므로, 검사가 제출한 증거와 피고인이 제출한 증거를 종합하여 볼 때 공소사실에 관하여 조금이라도 합리적인 의심이 있는 경우에는 무죄를 선고하여야 할 것이지, 피고인이 제출한 증거만으로 피고인의 주장 사실을 인정하기에 부족하다는 이유를 들어 공소사실에 관하여 **유죄판결을 선고하는 것은 헌법상 무죄추정의 원칙은 물론 형사소송법상 증거재판주의 및 검사의 증명책임에 반하는 것이어서 허용될 수 없다.**

[5] 성범죄 사건을 심리할 때에는 사건이 발생한 맥락에서 **성차별 문제를 이해하고 양성평등을 실현할 수 있도록 '성인지적 관점'을 유지하여야** 하므로, 개별적·구체적 사건에서 성범죄 피해자가 처하여 있는 특별한 사정을 충분히 고려하지 않은 채 피해자 진술의 증명력을 가볍게 배척하는 것은 **정의와 형평의 이념에 입각하여 논리와 경험의 법칙에 따른 증거판단이라고 볼 수 없지만, 이는 성범죄 피해자 진술의 증명력을 제한 없이 인정하여야 한다거나 그에 따라 해당 공소사실을 무조건 유죄로 판단해야 한다는 의미는 아니다.** ① 성범죄 피해자 진술에 대하여 성인지적 관점을 유지하여 보더라도, 진술 내용 자체의 합리성·타당성뿐만 아니라 객관적 정황, 다른 경험칙 등에 비추어 **증명력을 인정할 수 없는 경우가 있을 수 있다.** ② 또한 **피고인은 물론 피해자도 하나의 객관적 사실 중 서로 다른 측면에서 자신이 경험한 부분에 한정하여 진술**하게 되고, 여기에는 자신의 주관적 평가나 의견까지 어느 정도 포함될 수밖에 없으므로, **하나의 객관적 사실에 대하여 피고인과 피해자 모두 자신이 직접 경험한 사실만을 진술하더라도 그 내용이 일치하지 않을 가능성이 항시 존재한다.** 즉, 피고인이 일관되게 공소사실 자체를 부인하는 상황에서 **공소사실을 인정할 직접적 증거가 없거나, 피고인이 공소사실의 객관적 행위를 한 사실은 인정하면서도 고의와 같은 주관적 구성요건만을 부인하는 경우** 등과 같이 **사실상 피해자의 진술만이 유죄의 증거가 되는 경우**에는, 피해자 진술의 신빙성을 인정하더라도 피고인의 주장은 물론 피고인이 제출한 증거, 피해자 진술 내용의 합리성·타당성, 객관적 정황과 다양한 경험칙 등에 비추어 피해자의 진술만으로 피고인의 주장을 배척하기에 충분할 정도에 이르지 않아 법관으로 하여금 합리적인 의심을 할 여지가 없을 정도로 공소사실이 진실한 것이라는 확신을 가질 수 없게 되었다면, **피고인의 이익으로 판단해야** 한다.

[6] 형사소송법은 형사사건의 실체에 대한 유무죄의 심증 형성은 법정에서의 심리에 의하여야 한다는 **공판중심주의의 한 요소로서, 법관의 면전에서 직접 조사한 증거만을 재판의 기초로 삼을 수 있고 증명 대상이 되는 사실과 가장 가까운 원본 증거를 재판의 기초로 삼아야** 하며 원본 증거의 대체물 사용은 원칙적으로 허용되어서는 안 된다는 실질적 직접심리주의를 채택하고 있다. 이는 **법관이 법정에서 직접 원본 증거를 조사하는 방법을 통하여 사건에 대한 신선하고 정확한 심증을 형성할 수 있고 피고인에게 원본 증거에 관한 직접적인 의견진술의 기회를 부여**함으로써 실체적 진실을 발견하고 공정한 재판을 실현할 수 있기 때문이다.

[7] 반면, **수사기관이 작성한 진술조서**는 수사기관이 피조사자에 대하여 상당한 시간에 걸쳐 이루어진 문답 과정을 그대로 옮긴 '녹취록'과는 달리 수사기관의 관점에서 조사 결과를 요약·정리하여 기재한 것에 불과할 뿐만 아니라 **진술의 신빙성 유무를 판단할 때 가장 중요한 요소 중 하나인 진술 경위는 물론 피조사자의 진술 당시 모습·표정·태도, 진술의 뉘앙스, 지적능력·판단능력 등과 같은 피조사자의 상태 등을 정확히 반영할 수 없는 본질적 한계가 있다.** 따라서 **피고인이 수사과정에서 공소사실을 부인하였고 그 내용이 기재된 피의자신문조서 등에 관하여 증거동의를 한 경우에는**, 형사소송법에 따라 증거

능력 자체가 부인되는 것은 아니지만, 전체적 내용이나 진술의 맥락·취지를 고려하지 않은 채 그중 일부만을 발췌하여 유죄의 증거로 사용하는 것은 함부로 허용할 수 없다. 특히 지적능력·판단능력 등과 같이 본질적으로 수사기관이 작성한 진술조서에 나타나기 어려운 피고인의 상태에 대해서는 **공판중심주의 및 실질적 직접심리주의 원칙에 따라 검사가 제출한 객관적인 증거에 대하여 적법한 증거조사를 거친 후 이를 인정하여야** 할 것이지, 공소사실을 부인하는 취지의 피고인 진술이 기재된 피의자신문조서 중 일부를 근거로 이를 인정하여서는 안 된다(2024. 1. 4. 선고 2023도13081).

[3] 자백배제법칙
[4] 위법수집증거배제법칙

① 피고인의 배우자가 피고인 모르게 피고인의 휴대전화에 자동녹음 애플리케이션을 실행해 두어 자동으로 녹음된 피고인과 배우자 사이의 전화통화 녹음파일

[1] 국민의 인간으로서의 존엄과 가치를 보장하는 것은 국가기관의 기본적인 의무이고 이는 형사절차에서도 당연히 구현되어야 하지만, 국민의 사생활 영역에 관계된 모든 증거의 제출이 곧바로 금지되는 것으로 볼 수는 없다. 형사절차에서 증거로 사용할 수 있는지는 개별적인 사안에서 효과적인 **형사소추와 형사절차상 진실발견이라는 공익과 개인의 인격적 이익 등의 보호이익을 비교형량하여 허용 여부를 결정하여야** 한다.
[2] 이때 법원이 비교형량을 할 때에는 사생활 내지 인격적 이익을 보호하여야 할 필요성 여부 및 정도, 증거수집 과정에서 사생활 내지 인격적 이익을 침해하게 된 경위와 침해의 내용 및 정도, 형사소추의 대상이 되는 범죄의 경중 및 성격, 피고인의 증거동의 여부 등을 **전체적·종합적으로 고려하여야** 한다. 증거수집 절차가 개인의 사생활 내지 인격적 이익을 중대하게 침해하여 사회통념상 허용되는 한도를 벗어난 것이라면, 단지 형사소추에 필요한 증거라는 사정만을 들어 곧바로 형사소송에서 진실발견이라는 공익이 개인의 인격적 이익 등 보호이익보다 우월한 것으로 섣불리 단정해서는 아니 된다. 그러나 그러한 한도를 벗어난 것이 아니라면 형사절차에서 증거로 사용할 수 있다.
[3] 피고인의 배우자가 피고인 모르게 피고인의 휴대전화에 자동녹음 애플리케이션을 실행해 두어 자동으로 녹음된 피고인과 배우자 사이의 전화통화 녹음파일을 증거로 사용할 수 있는지 여부가 문제된 경우, 피고인의 배우자가 피고인의 동의 없이 피고인의 휴대전화를 조작하여 통화내용을 녹음하였으므로 피고인의 사생활 내지 인격적 이익을 침해하였다고 볼 여지는 있으나, ① 피고인의 배우자가 전화통화의 일방 당사자로서 피고인과 직접 대화를 나누면서 피고인의 발언 내용을 직접 청취하였으므로 전화통화 내용을 몰래 녹음하였다고 하여 피고인의 사생활의 비밀, 통신의 비밀, 대화의 비밀 등이 침해되었다

고 평가하기는 어렵고, 피고인의 배우자가 녹음파일 등을 제3자에게 유출한 바 없으므로 음성권 등 인격적 이익의 침해 정도도 비교적 경미하다고 보아야 하는 점, ② 수사기관 역시 위 전화통화의 녹음에 어떠한 관여도 하지 않은 채 적법하게 압수한 휴대전화를 분석하던 중 우연히 이를 발견하였을 뿐인 점, ③ 반면 이 사건 형사소추의 대상이 된 행위는 수산업협동조합장 선거에서 금품을 살포하여 선거인을 매수하는 등 이른바 '돈 선거'를 조장하였다는 것이고, 선거범죄는 대체로 계획적·조직적인 공모 아래 은밀하게 이루어지므로, 객관적 증거인 전화통화 녹음파일을 증거로 사용해야 할 필요성이 높은 점 등을 종합하면, 전화통화 녹음파일을 증거로 사용할 수 있다(2021도2299).

② 위법수집증거를 기초로 획득한 2차적 증거가 피고인의 법정진술인 경우 원칙적으로 증거능력이 부정되는지 여부(적극) 및 2차적 증거인 피고인의 법정진술에 대하여 인과관계 희석·단절을 인정하기 어려운 정황

[1] 헌법과 형사소송법이 정한 절차에 따르지 아니하고 수집된 증거는 물론, 이를 기초로 하여 획득한 2차적 증거 역시 유죄 인정의 증거로 삼을 수 없는 것이 원칙이다.

[2] 수사기관의 절차 위반행위가 적법절차의 실질적인 내용을 침해하는 경우에 해당하지 않고, 오히려 그 증거의 증거능력을 배제하는 것이 헌법과 형사소송법이 형사소송에 관한 절차조항을 마련하여 적법절차의 원칙과 실체적 진실 규명의 조화를 도모하고, 이를 통하여 형사 사법 정의를 실현하려고 한 취지에 반하는 결과를 초래하는 것으로 평가되는 예외적인 경우에 한하여 유죄 인정의 증거로 사용될 수 있다. 따라서 2차적 증거의 경우에도, 절차에 따르지 아니한 1차적 증거수집과 관련된 모든 사정들, 즉 절차 조항의 취지와 그 위반의 내용 및 정도, 구체적인 위반 경위와 회피가능성, 절차 조항이 보호하고자 하는 권리 또는 법익의 성질과 침해 정도 및 피고인과의 관련성, 절차 위반행위와 증거수집 사이의 인과관계 등 관련성의 정도, 수사기관의 인식과 의도 등은 물론, 나아가 1차적 증거를 기초로 하여 다시 2차적 증거를 수집하는 과정에서 추가로 발생한 모든 사정들까지 전체적·종합적으로 고려하여 인과관계가 희석 또는 단절되었다고 평가되는 예외적인 경우에 한하여 유죄 인정의 증거로 사용될 수 있다.

[3] 구체적 사안이 위와 같은 예외적인 경우에 해당하는지를 판단함에 있어서 적법한 절차를 따르지 않고 수집된 증거나 이를 기초로 획득된 2차적 증거를 유죄의 증거로 삼을 수 없다는 원칙이 훼손되지 않도록 유념하여야 하고, 그러한 예외적인 경우에 해당한다고 볼 만한 구체적이고 특별한 사정이 존재한다는 점은 검사가 증명하여야 한다.

[4] 나아가, 이러한 법리는 2차적 증거가 피고인의 법정진술인 경우에도 그대로 적용된다. 따라서 2차적 증거인 피고인의 법정진술을 유죄 인정의 증거로 사용할 수 있는지 역시 위와 같은 법리에 의하여 판단하여야 하는데, 특히 수사기관이 위법하게 수집한 1차적 증거가 수사개시의 단서가 되었거나 사실상 유일한 증거 내지 핵심증거이고 위법의 정도 역시 상당할뿐더러, 피고인이 수사기관에서 1차적 증거를 제시받거나 1차적 증거의 내용을 전제로 신문받은 바가 있다면, 특별한 사정이 없는 이상 법정진술

도 1차적 증거를 직접 제시받고 한 것과 다름없거나 적어도 1차적 증거의 존재를 전제로 한 것으로 볼 수 있으므로, 이는 절차 위반행위와의 인과관계의 희석 또는 단절을 인정하기 어려운 정황에 속한다. 이러한 경우더라도, 피고인의 법정진술이 다른 독립된 증거에서 기인하는 등 1차적 증거와 무관하게 이루어졌다고 평가된다면 인과관계의 희석 또는 단절을 인정할 수 있으나, 그러한 특별한 사정이 존재한다는 점은 검사가 증명하여야 한다.

[5] (사실관계) 피고인이 합성대마 매수자인 A(이하 '공범')의 부탁에 따라 합성대마를 수거한 후 건네주어 합성대마 매수자와 공모하여 합성대마를 매수하였다는 「마약류관리에 관한 법률」 위반(향정)으로 기소된 사안에서, 공범은 그 이후 택시에서 휴대전화를 분실하였고, 택시기사가 이를 경찰에 습득물로 제출하였는데, 경찰관은 휴대전화 소유자의 인적사항을 파악하기 위해 저장되어 있던 정보를 확인하던 중 필로폰 구매 정황으로 의심되는 텔레그램 대화내역 등을 목격하고 이를 다른 경찰관에게 인계하였으며, 이를 인계받은 경찰관은 공소사실과 관련된 피고인과 공범 사이의 이 사건 카카오톡 대화내역 등을 발견하고 이를 복제·출력하거나 사진으로 촬영하였음(공범에게 참여의 기회를 보장한 바 없음). 경찰관은 위 전자정보로 피고인의 인적사항을 파악하여 수사를 진행하고, 피고인에 대한 피의자신문 과정에서 이 사건 카카오톡 대화내역 등 전자정보의 출력물 내지 촬영물을 제시하였음. 이후 검사는 피고인을 이 사건으로 기소하였는데, 피고인은 제1심에서 "공소사실 기재 행위는 인정하나, 검사 제출 증거는 위법수집증거이므로 무죄가 선고되어야 한다."는 취지로 주장하였고, 관련사건으로 기소된 공범도 해당 사건 1심에서 동일한 취지로 주장하였다.

[6] 원심은, 이 사건 카카오톡 대화내역 등 전자정보가 영장주의를 위반하고 참여권을 보장하지 않은 채 위법하게 수집되었다고 보아 그 증거능력을 부정하면서도, 피고인의 1심 법정진술과 공범의 관련사건 1심 법정진술은 절차 위반행위와의 인과관계가 희석 또는 단절되어 증거능력이 인정된다고 보고, 이를 유죄의 증거로 삼아 공소사실을 유죄로 판단하였다.

[7] 대법원은 위와 같은 법리를 설시하면서, ① 수사기관의 이 사건 카카오톡 대화내역 등 전자정보에 관한 수집절차에는 영장주의 위반, 참여권 미보장 등의 위법이 존재하는 점, ② 피고인과 공범에 대한 수사가 오로지 위법하게 수집된 카카오톡 대화내역 등 전자정보를 기초로 개시되었고, 피고인의 인적사항 역시 위 전자정보에 근거하여 특정된 것으로, 위법수집증거인 카카오톡 대화내역 등 전자정보가 없었다면 피고인 및 공범에 대한 수사진행이나 기소가 어려웠을 것이고, 따라서 피고인 및 공범이 법정에서 진술하게 되지도 않았을 것으로 보이는 점, ③ 피고인과 공범이 수사기관 피의자신문 과정에서 카카오톡 대화내역 출력물 등을 제시받거나 그에 관한 질문을 받아 수사기관이 이를 증거로 확보하고 있다는 사정을 알고 있었으므로 그러한 사정이 피고인과 공범의 법정진술에 영향을 미쳤다고 볼 수밖에 없고, 이는 법정진술 당시 면전에서 카카오톡 대화내역 출력물 등을 제시받지 않았더라도 마찬가지인 점, ④ 피고인과 공범의 법정진술 취지에 비추어 보더라도, 피고인과 공범은 이 사건 카카오톡 대화내역 등 전자정보가 증거로 확보되어 있다는 사정을 의식하면서 위 증거가 위법수집증거라는 법률적 주장과 함께 그러한 법률적 주장이 받아들여지지 않을 경우 공소사실 기재 행위 자체를 인정하는지 여부가 양형에 참작될 수 있음을 고려하여 공소사실 기재 행위 자체는 인정하는 듯한 법정진술을 하게 되었던 것으로 보여, 그러한 법정진술의 직접적 원인은 위법하게 수집된 이 사건 카카오톡 대화내역 등 전자정보였던 것으로 보이는 점, ⑤ 수사기관이 수집한 적법한 증거는 전혀 존재하지 않고, 피고인 및 공범이

위법수집증거인 카카오톡 대화내역 등 전자정보 외에 다른 독립된 증거에 기인하여 공소사실 인정 취지의 법정진술을 하였다고 인정할 만한 특별한 사정이 보이지 않으며, 그에 관한 검사의 증명도 존재하지 않는 점 등에 비추어 보면, 피고인의 법정진술 및 공범의 관련사건 법정진술은 위법하게 수집된 이 사건 카카오톡 대화내역 등 전자정보에 기초한 2차적 증거들로, 절차 위반행위와의 인과관계의 희석 또는 단절을 인정할 특별한 사정이 존재하지 않으므로 증거능력이 부정되어야 한다(2024도12689).

[5] 전문법칙

① 공범에 대한 검사 또는 검사 이외의 수사기관 작성 피의자신문조서에 대하여 피고인이 내용을 부인하는 경우 형사소송법 제312조 제1, 3항이 적용되어 증거능력이 부정되는지 여부(적극)

[1] 2020. 2. 4. 개정되어 2022. 1. 1.부터 시행된 **형사소송법 제312조 제1항**은 검사가 작성한 피의자신문조서의 증거능력에 대하여 "적법한 절차와 방식에 따라 작성된 것으로서 공판준비, 공판기일에 그 피의자였던 피고인 또는 변호인이 그 내용을 인정할 때에 한정하여 증거로 할 수 있다."라고 규정하였다. 여기서 '그 내용을 인정할 때'라 함은 피의자신문조서의 기재 내용이 진술 내용대로 기재되어 있다는 의미가 아니고 그와 같이 진술한 내용이 실제 사실과 부합한다는 것을 의미한다. 그리고 형사소송법 제312조 제1항에서 정한 '검사가 작성한 피의자신문조서'란 당해 피고인에 대한 피의자신문조서만이 아니라 당해 피고인과 공범관계에 있는 다른 피고인이나 피의자에 대하여 검사가 작성한 피의자신문조서도 포함되고, 여기서 말하는 '공범'에는 형법 총칙의 공범 이외에도 서로 대향된 행위의 존재를 필요로 할 뿐 각자의 구성요건을 실현하고 별도의 형벌 규정에 따라 처벌되는 **강학상 필요적 공범 또는 대향범까지 포함**한다. 따라서 피고인이 자신과 공범관계에 있는 다른 피고인이나 피의자에 대하여 검사가 작성한 피의자신문조서의 내용을 부인하는 경우에는 형사소송법 제312조 제1항에 따라 유죄의 증거로 쓸 수 없다.

[2] 형사소송법 제312조 제3항은 "검사 이외의 수사기관이 작성한 피의자신문조서는 적법한 절차와 방식에 따라 작성된 것으로서 공판준비 또는 공판기일에 그 피의자였던 피고인 또는 변호인이 그 내용을 인정할 때에 한하여 증거로 할 수 있다."라고 규정하고 있다. 위 규정은 검사 이외의 수사기관이 작성한 당해 피고인에 대한 피의자신문조서를 유죄의 증거로 하는 경우뿐만 아니라, 검사 이외의 수사기관이 작성한 당해 피고인과 공범관계에 있는 다른 피고인이나 피의자에 대한 피의자신문조서를 당해 피고인에 대한 유죄의 증거로 채택할 경우에도 적용되는바, 여기서 말하는 '공범'에는 형법 총칙의 공범 이외에도, 서로 대향된 행위의 존재를 필요로 할 뿐 각자의 구성요건을 실현하고 별도의 형벌 규정

에 따라 처벌되는 **강학상 필요적 공범 내지 대향범도 포함**된다. 그리고 위 규정에서 '그 내용을 인정할 때'라 함은 피의자신문조서의 기재 내용이 진술 내용대로 기재되어 있다는 의미가 아니고 그와 같이 진술한 내용이 실제 사실과 부합한다는 것을 의미한다.

[3] 피고인이 필로폰을 투약하고, A로부터 현금을 건네받은 후 A에게 필로폰을 교부하여 매도하였다는 「마약류관리에 관한 법률」 위반(향정)으로 기소된 사안으로 피고인과 대향범으로서 공범관계에 있는 A에 대한 검사 또는 사법경찰관 작성 피의자신문조서의 증거능력이 문제된 경우, 피고인과 변호인이 위 각 피의자신문조서에 관하여 내용 부인 취지에서 '증거로 사용함에 동의하지 않는다'는 의견을 밝혔으므로, 공범인 A에 대한 각 피의자신문조서는 형사소송법 제312조 제1항, 제3항에 따라 유죄의 증거로 쓸 수 없다(2024도8200).

---

② 수사기관에 제출된 변호인의견서에 피의자가 당해사건 수사기관에 한 진술이 인용되어 있는 경우, 그 진술이 수사기관의 수사과정에서 작성된 '피의자의 진술이 기재된 신문조서나 진술서 등'으로부터 독립하여 증거능력을 가지는지 여부 (소극)

[1] 구 형사소송법 제312조 제3항에 의하면, 검사 이외의 수사기관이 작성한 피의자신문조서는 그 피의자였던 피고인 또는 변호인이 그 내용을 인정할 때에 한하여 증거로 할 수 있다. 피의자의 진술을 기재한 서류 내지 문서가 수사기관의 수사과정에서 작성된 것이라면 그 서류나 문서의 형식과 관계없이 피의자신문조서와 달리 볼 이유가 없으므로, 수사기관이 작성한 압수조서에 기재된 피의자였던 피고인의 자백 진술 부분은 피고인 또는 변호인이 내용을 부인하는 이상 증거능력이 없다.

[2] 한편 위 규정에서 '그 내용을 인정할 때'란 피의자신문조서의 기재 내용이 진술 내용 대로 기재되어 있다는 의미가 아니고 그와 같이 진술한 내용이 실제 사실과 부합한다는 것을 의미하므로, 피고인이 공소사실을 부인하는 경우 수사기관이 작성한 피의자신문조서 중 공소사실을 인정하는 취지의 진술 부분은 그 내용을 인정하지 않았다고 보아야 한다.

[3] 수사기관에 제출된 변호인의견서, 즉 변호인이 피의사건의 실체나 절차에 관하여 자신의 의견 등을 기재한 서면에 피의자가 당해사건 수사기관에 한 진술이 인용되어 있는 경우가 있다. 변호인의견서에 기재된 이러한 내용의 진술은 수사기관의 수사과정에서 작성된 '피의자의 진술이 기재된 신문조서나 진술서 등'으로부터 독립하여 증거능력을 가질 수 없는 성격의 것이고, '피의자의 진술이 기재된 신문조서나 진술서 등'의 증거능력을 인정하지 않는 경우에 변호인의견서에 기재된 동일한 내용의 피의자 진술 부분을 유죄의 증거로 사용할 수 있다면 피의자였던 피고인에게 불의의 타격이 될 뿐만 아니라 피의자 등의 보호를 목적으로 하는 변호인의 지위나 변호인 제도의 취지에도 반하게 된다. 따라서 피고인이 피의자였을 때 수사기관에 한 진술이 기재된 조서나 수사과정에서 작성된 진술서 등의 증거능력을 인정할 수 없다면 수사기관에 제출된 변호인의견서에 기재된 같은 취지의 피의자 진술 부분도 유죄의 증거로 사용할 수 없다(2024. 5. 30. 선고 2020도16796).

③ 검사가 친족관계에 의한 강간 등 혐의를 수사하면서 아동인 피해자의 진술 내용에 대하여 대검찰청 과학수사부 소속 진술분석관에게 분석을 의뢰하였고, 이에 따라 진술분석관이 피해자를 면담하고 그 내용을 녹화한 '피해자 진술분석 과정 영상녹화CD'(영상녹화물)가 제작되어 증거로 제출됨으로써 그 증거능력이 문제 된 사안

[1] 헌법 제12조 제1항이 규정한 적법절차의 원칙과 헌법 제27조에 의하여 보장된 공정한 재판을 받을 권리를 구현하기 위하여 형사소송법은 공판중심주의와 구두변론 주의 및 직접심리주의를 기본원칙으로 하고 있다. 따라서 형사소송법이 수사기관에서 작성된 조서 등 서면증거에 대하여 일정한 요건을 충족하는 경우에 증거능력을 인정하는 것은 실체적 진실발견의 이념과 소송경제의 요청을 고려하여 예외적으로 허용하는 것일 뿐이므로 증거능력 인정 요건에 관한 규정은 엄격하게 해석·적용하여야 한다.

[2] 형사소송법은 제310조의2에서 원칙적으로 전문증거의 증거능력을 인정하지 않고, 제311조부터 제316조까지 정한 요건을 충족하는 경우에만 예외적으로 증거능력을 인정한다.

[3] 형사소송법 제311조는 법원 또는 법관의 조서의 증거능력에 관하여 규정하고, 제312조 제1항 내지 제3항은 검사 또는 검사 이외의 수사기관이 작성한 피의자신문조서의 증거능력에 관하여 규정한다. 형사소송법 제312조 제4항은 검사 또는 사법경찰관이 피고인이 아닌 자의 진술을 기재한 조서에 대하여 적법한 절차와 방식에 따라 작성된 것으로서 실질적 진정성립이 증명되고 반대신문이 보장되며 진술이 특히 신빙할수 있는 상태하에서 행하여졌음이 증명된 때에 한하여 증거능력을 인정한다. 형사소송법 제312조 제5항은 피고인 또는 피고인이 아닌 자의 진술서가 수사과정에서 작성된 경우 같은 조 제1항 내지 제4항을 준용한다. 형사소송법 제313조 제1항은 '전 2조의 규정 이외에 피고인 또는 피고인이 아닌 자가 작성한 진술서나 그 진술을 기재한 서류'로서 그 작성자 또는 진술자의 자필이거나 그 서명 또는 날인이 있는 것에 대하여그 진정성립이 증명되면 증거능력을 인정한다. 수사과정에서 작성된 서류의 증거능력에 관하여 형사소송법 제313조 제1항보다 더욱 엄격한 요건을 규정한 형사소송법 제312조의 취지에 비추어 보면, 형사소송법 제313조 제1항이 규정하는 서류는 수사과정 외에서 작성된 서류를 의미한다.

[4] 수사기관이 제작한 영상녹화물의 증거능력 내지 증거로서의 사용 범위는 더욱 엄격하게 제한되어 있다. 즉 검사 또는 사법경찰관이 피고인이 아닌 자를 조사하는 과정에서 형사소송법 제221조 제1항에 따라 제작한 영상녹화물은, 다른 법률에서 달리 규정하고 있는 등의 특별한 사정이 없는 한 공소사실을 직접 증명할 수 있는 독립적인 증거로 사용할 수 없다. 또한 영상녹화물이 형사소송법 제312조 제4항에 의하여 검사 또는 사법경찰관이 피고인이 아닌 자의 진술을 기재한 조서에 대한 실질적 진정성립을 증명하는 수단으로 사용될 때에도 그 영상녹화물은 형사소송법 및 형사소송규칙에 규정된 방식과 절차에 따라 제작되어야 한다.

[5] 이러한 헌법과 형사소송법의 규정 및 전문증거의 증거능력 인정에 관한 해석 원칙에 비추어 보면, 피고인이 아닌 자의 진술을 기재한 서류가 비록 수사기관이 아닌 자에 의하여 작성되었다고 하더라도, 수사가 시작된 이후 수사기관의 관여나 영향 아래 작성된 경우로서 서류를 작성한 자의 신분이나

지위, 서류를 작성한 경위와 목적, 작성 시기와 장소 및 진술을 받는 방식 등에 비추어 **실질적으로 고찰할 때 그 서류가 수사과정 외에서 작성된 것이라고 보기 어렵다면**, 이를 형사소송법 제313조 제1항의 '전 2조의 규정 이외에 피고인이 아닌 자의 진술을 기재한 서류'에 해당한다고 할 수 없다. 나아가 **전문증거의 증거능력은 이를 인정하는 법적 근거가 있는 때에만 예외적으로 인정**된다는 원칙 및 **수사기관이 제작한 영상녹화물의 증거능력 내지 증거로서의 사용 범위를 다른 전문증거보다 더욱 엄격하게 제한하는 관련 판례의 취지에 비추어 보면, 수사기관이 아닌 자가 수사과정에서 피고인이 아닌 자의 진술을 녹화한 영상녹화물의 증거능력도 엄격하게 제한**할 필요가 있다.

[6] **검사가** 피고인들의 성폭력범죄의 처벌 등에 관한 특례법 위반**(친족관계에의한강간)** 등 혐의를 수사하면서 **아동인 피해자의 진술 내용에 대하여 대검찰청 과학수사부 소속 진술분석관에게 분석을 의뢰**하였고, 이에 따라 **진술분석관이 피해자를 면담하고 그 내용을 녹화한 '피해자 진술분석 과정 영상녹화 CD'(이하 '영상녹화물')가 제작되어 증거로 제출**됨으로써 그 증거능력이 문제 된 사안에서, **검사는** 성폭력범죄의처벌 등에 관한 특례법 제33조 제4항, 제1항에 의하여 **진술분석관에게 피해자 진술의 신빙성 여부에 대한 분석을 의뢰**한 점, **진술분석관은 사건 기록을 받아 검찰청 여성·아동조사실에서 피해자를 면담**하였는데, 면담은 당시까지 **수사기관이 사건에 대하여 조사한 내용에 관해 피해자에게 문답을 하는 방식**으로 진행되었고, **면담 과정은 녹화되어 영상녹화물로 제작**된 점 등 진술분석관의 소속 및 지위, 진술분석관이 피해자와 면담을 하고 영상녹화물을 제작한 경위와 목적, 진술분석관이 면담과 관련하여 수사기관으로부터 확보한 자료의 내용과 성격, 면담 방식과 내용, 면담 장소 등에 비추어 **영상녹화물은 수사과정 외에서 작성된 것이라고 볼 수 없으므로** 형사소송법 제313조 제1항에 따라 **증거능력을 인정할 수 없고**, 나아가 수사기관이 작성한 피의자신문조서나 피고인이 아닌 자의 진술을 기재한 조서가 아니고, 피고인 또는 피고인이 아닌 자가 작성한 진술서도 아니므로 형사소송법 제312조에 의하여 증거능력을 인정할 수도 없다는 이유로, 같은 취지에서 영상녹화물의 증거능력이 없다(2024. 3. 28. 선고 2023도15133).

---

④ 피고인의 진술이 기재된 형사조정조서가 형사소송법 제313조에서 규정하는 진술 기재서류에 해당하는지

[1] 헌법 제12조 제1항이 규정한 적법절차의 원칙과 헌법 제27조에 의하여 보장된 공정한 재판을 받을 권리를 구현하기 위하여 **형사소송법은 공판중심주의와 구두변론주의 및 직접심리주의를 기본원칙**으로 하고 있다. 따라서 **형사소송법이 수사기관에서 작성된 조서 등 서면증거에 대하여 일정한 요건을 충족하는 경우에 증거능력을 인정**하는 것은 실체적 진실발견의 이념과 소송경제의 요청을 고려하여 **예외적으로 허용**하는 것일 뿐이므로 **증거능력 인정 요건에 관한 규정은 엄격하게 해석·적용하여야** 한다.
[2] 형사소송법은 **제310조의2에서 원칙적으로 전문증거의 증거능력을 인정하지 않고, 제311조부터 제316조까지 정한 요건을 충족하는 경우에만 예외적으로 증거능력을 인정**한다.
[3] 형사소송법 **제311조**는 법원 또는 법관의 조서의 증거능력에 관하여 규정하고, **제312조제1항 내

지 제3항은 검사 또는 검사 이외의 수사기관이 작성한 피의자신문조서의 증거능력에 관하여 규정한다. 형사소송법 **제312조 제4항**은 검사 또는 사법경찰관이 피고인이 아닌 자의 진술을 기재한 조서에 대하여 적법한 절차와 방식에 따라 작성된 것으로서 실질적 진정성립이 증명되고 반대신문이 보장되며 진술이 특히 신빙할 수 있는 상태하에서 행하여졌음이 증명된 때에 한하여 증거능력을 인정한다. 형사소송법 **제312조 제5항**은 피고인 또는 피고인이 아닌 자의 진술서가 수사과정에서 작성된 경우 같은 조 제1항 내지 제4항을 준용한다. 형사소송법 **제313조 제1항**은 '전 2조의 규정 이외에 피고인 또는 피고인이 아닌 자가 작성한 진술서나 그 진술을 기재한 서류'로서 그 작성자 또는 진술자의 자필이거나 그 서명 또는 날인이 있는 것에 대하여 그 진정성립이 증명되면 증거능력을 인정한다. **수사과정에서 작성된 서류의 증거능력**에 관하여 형사소송법 제313조 제1항보다 더욱 엄격한 요건을 규정한 형사소송법 제312조의 취지에 비추어 보면, 형사소송법 제313조 제1항이 규정하는 서류는 수사과정 외에서 작성된 서류를 의미한다.

[4] 이러한 헌법과 형사소송법의 규정 및 전문증거의 증거능력 인정에 관한 해석 원칙에 비추어 보면, **피고인의 진술을 기재한 서류가 비록 수사기관이 아닌 자에 의하여 작성되었다고 하더라도, 수사가 시작된 이후 수사기관의 관여나 영향 아래 작성된 경우**로서 서류를 작성한 자의 신분이나 지위, 서류를 작성한 경위와 목적, 작성 시기와 장소 및 진술을 받는 방식 등에 비추어 **실질적으로 고찰할 때 그 서류가 수사과정 외에서 작성된 것이라고 보기 어렵다면, 이를 형사소송법 제313조 제1항의 '전 2조의 규정 이외에 피고인의 진술을 기재한 서류'에 해당한다고 할 수 없다.** 나아가 전문증거의 증거능력은 이를 인정하는 법적 근거가 있는 때에만 예외적으로 인정된다는 원칙 및 피고인 또는 피고인이 아닌 자의 진술서가 수사과정에서 작성된 경우 그 증거능력에 관하여 형사소송법 제313조 제1항보다 더욱 엄격한 요건을 규정한 형사소송법 제312조의 취지 등에 비추어 보면, **수사기관이 아닌 자가 수사과정에서 작성한 피고인의 진술을 기재한 서류의 증거능력도 엄격하게 제한할 필요가 있다.**

[5] 위와 같은 **형사조정위원들의 소속 및 지위, 형사조정위원들이 피고인 및 피해자와 면담이나 전화통화를 하여 이들의 진술을 듣고 이 사건 형사조정조서를 작성**한 경위와 목적, **형사조정위원들이 형사조정절차의 진행과 관련하여 수사기관으로부터 확보한 자료**의 내용과 성격, **형사조정의 방식 및 내용과 그 진행 장소, 간사로 검찰수사관이 관여**한 상황, 형사조정의 불성립 이후 이 사건 형사조정조서를 받은 검사가 이를 토대로 피고인에 대한 피의자신문을 실시한 수사의 진행 경과 등 제반 사정을 앞서 본 법리와 관련 법령의 내용에 비추어 살펴보면, **이 사건 형사조정조서 중 '피의자의 주장'란에 피고인의 진술을 기재한 부분은** 비록 수사기관이 아닌 자에 의하여 작성되었다고 하더라도 수사가 시작된 이후 수사기관의 관여나 영향 아래 작성된 경우로서 실질적으로 고찰할 때 수사과정 외에서 작성된 것이라고 볼 수 없으므로 형사소송법 제313조 제1항에 따라 증거능력을 인정할 수 없다. 이는 수사기관이 작성한 '피의자신문조서'나 '피고인이 아닌 자의 진술을 기재한 조서'가 아니고, '피고인 또는 피고인이 아닌 자가 작성한 진술서'라 보기도 어려우므로 형사소송법 제312조에 의하여 증거능력을 인정할 수도 없다(2024. 11. 14. 선고 2024도11314).

⑤ 甲이 사건 발생 14년 후 자살하기 직전 작성한 유서가 발견되어 증거로 제출되었고, 유서에 甲이 자신의 범행을 참회하는 듯한 내용이 포함되어 있어 그 증거능력이 다투어진 사안

[1] 형사소송법 제314조에서 '그 진술 또는 작성이 특히 신빙할 수 있는 상태하에서 행하여졌음'이란 그 진술 내용이나 조서 또는 서류의 작성에 허위가 개입할 여지가 거의 없고, 그 진술 내지 작성 내용의 신빙성이나 임의성을 담보할 구체적이고 외부적인 정황이 있는 경우를 가리킨다.

[2] 형사소송법은 수사기관에서 작성된 조서 등 서면증거에 대하여 일정한 요건 아래 증거능력을 인정하는데, 이는 실체적 진실발견의 이념과 소송경제의 요청을 고려하여 **예외적으로 허용**하는 것이므로, 그 증거능력 인정 요건에 관한 규정은 엄격하게 해석·적용하여야 한다. 형사소송법 **제312조, 제313조**는 진술조서 등에 대하여 피고인 또는 변호인의 반대신문권이 보장되는 등 엄격한 요건이 충족될 경우에 한하여 증거능력을 인정할 수 있도록 함으로써 **직접심리주의 등 기본원칙에 대한 예외**를 정하고 있는데, 형사소송법 **제314조**는 원진술자 또는 작성자가 사망·질병·외국거주·소재불명 등의 사유로 공판준비 또는 공판기일에 출석하여 진술할 수 없는 경우에 그 진술이 특히 신빙할 수 있는 상태하에서 행하여졌다는 점이 증명되면 원진술자 등에 대한 반대신문의 기회조차도 없이 증거능력을 부여할 수 있도록 함으로써 보다 **중대한 예외**를 인정한 것이므로, 그 요건을 더욱 엄격하게 해석·적용하여야 한다.

[4] 따라서 형사소송법 제314조에서 '특히 신빙할 수 있는 상태하에서 행하여졌음에 대한 증명'은 단지 그러할 개연성이 있다는 정도로는 부족하고, 합리적 의심의 여지를 배제할 정도, 즉 법정에서의 반대신문 등을 통한 검증을 굳이 거치지 않더라도 진술의 신빙성을 충분히 담보할 수 있어 실질적 직접심리주의와 전문법칙에 대한 예외로 평가할 수 있는 정도에 이르러야 한다.

[5] 피고인들이 망인 甲과 합동하여 피해자 乙(여, 당시 14세)의 심신상실 또는 항거 불능 상태를 이용하여 乙을 간음하였다는 성폭력범죄의 처벌 및 피해자보호 등에 관한 법률 위반(특수준강간)의 공소사실과 관련하여, 甲이 사건 발생 14년여 후 자살하기 직전 작성한 유서가 발견되어 증거로 제출되었고, 유서에 甲이 자신의 범행을 참회하는 듯한 내용이 포함되어 있어 그 증거능력이 다투어진 사안에서, 유서에서 甲이 피고인들을 무고할 만한 뚜렷한 동기나 이유가 발견되지 않았고, 피고인들 스스로도 당시 甲 및 乙과 함께 술을 마셨던 사실은 인정하고 있는 점, 乙은 수사기관에서 당시 만취 상태에서 귀가하였는데 속옷에 피가 묻어 있었고 사타구니 부근이 아팠으며 산부인과에서 진료를 받고 사후피임약 등을 처방받았다고 진술한 점 등에 비추어 유서가 신빙할 수 있는 상태에서 작성되었을 개연성이 있다고 평가할 여지는 있으나, 유서는 작성 동기가 명확하지 아니하고, 수사기관에서 작성 경위, 구체적 의미 등이 상세하게 밝혀진 바가 없으며, 사건 발생일로부터 무려 14년 이상 경과된 후 작성된 점, 甲에 대한 반대신문이 가능하였다면 그 과정에서 구체적, 세부적 진술이 현출됨으로써 기억의 오류, 과장, 왜곡, 거짓 진술 등이 드러났을 가능성을 배제하기 어려운 점 등 제반 사정을 종합하면, 유서의 내용이 법정에서의 반대신문 등을 통한 검증을 굳이 거치지 않아도 될 정도로 신빙성이 충분히 담보된다고 평가할 수 없어 유서의 증거능력을 인정할 수 없다(2024. 4. 12. 선고 2023도13406).

⑥ 형사소송법 제316조 제1항의 특신상태 존재에 대한 주장·증명 책임의 소재(=검사) 및 피고인의 수사기관 진술이 '특히 신빙할 수 있는 상태하에서 행하여졌음'에 대한 증명 정도(=합리적인 의심의 여지를 배제할 정도)

[1] 형사소송법은 검사, 사법경찰관 등 수사기관이 작성한 피의자신문조서는 그 피의자였던 피고인 또는 변호인이 공판준비 또는 공판기일에 내용을 인정하지 아니하면 증거능력을 부정하면서도(제312조 제1항,제3항), 검사, 사법경찰관 등 공소제기 전에 피고인을 피의자로 조사하였거나 그 조사에 참여하였던 자, 즉 조사자의 공판준비 또는 공판기일에서의 진술이 피고인의 수사기관 진술을 내용으로 하는 것인 때에는 그 진술이 '특히 신빙할 수 있는 상태하에서 행하여졌음이 증명된 때'에 한하여 이를 증거로 할 수 있다고 규정하고 있다(제316조 제1항). 여기서 '그 진술이 특히 신빙할 수 있는 상태하에서 행하여졌음'이란 그 진술을 하였다는 것에 허위 개입의 여지가 거의 없고, 그 진술내용의 신빙성이나 임의성을 담보할 구체적이고 외부적인 정황이 있음을 의미한다.

[2] 이러한 특신상태는 증거능력의 요건에 해당하므로 검사가 그 존재에 대하여 구체적으로 주장·증명하여야 하는데, 피고인의 수사기관 진술이 '특히 신빙할 수 있는 상태하에서 행하여졌음에 대한 증명'은 단지 그러할 개연성이 있다는 정도로는 부족하고 합리적인 의심의 여지를 배제할 정도에 이르러야 한다.

[3] 피고인이나 변호인이 그 내용을 인정하지 않더라도 검사, 사법경찰관 등 조사자의 법정증언을 통하여 피고인의 수사기관 진술내용이 법정에 현출되는 것을 허용하는 것은, 형사소송법 제312조 제1항, 제3항이 피고인의 수사기관 진술은 신용성의 정황적 보장이 부족하다고 보아 피고인이나 변호인이 그 내용을 인정하지 않는 이상 피의자신문조서의 증거능력을 인정하지 않음으로써 그 진술내용이 법정에 현출되지 않도록 규정하고 있는 것에 대하여 중대한 예외를 인정하는 것이어서, 이를 폭넓게 허용하는 경우 형사소송법 제312조 제1항, 제3항의 입법 취지와 기능이 크게 손상될 수 있기 때문이다(2023. 10. 26. 선고 2023도7301).

⑦ 법원이 피해자 등을 공판기일에 출석하게 하여 형사소송법 제294조의2 제2항에 정한 사항으로서 범죄사실의 인정에 해당하지 않는 사항에 관하여 증인신문에 의하지 아니하고 의견을 진술하거나 의견진술에 갈음하여 의견을 기재한 서면을 제출하게 한 경우, 위 진술과 서면을 유죄의 증거로 할 수 있는지 여부(소극)

[1] 법원은 피해자 등의 신청이 있는 때에 그 피해자 등을 증인으로 신문하여야 하고(형사소송법 제294조의2 제1항), 피해자 등을 신문하는 경우 피해의 정도 및 결과, 피고인의 처벌에 관한 의견, 그 밖에 당해 사건에 관한 의견을 진술할 기회를 주어야 한다(형사소송법 제294조의2 제2항). 나아가 법원은 필요하다고 인정하는 경우 직권으로 또는 피해자 등의 신청에 따라 피해자 등을 공판기일에 출석하게 하여 형사소송법 제294조의2 제2항에 정한 사항으로서 범죄사실의 인정에 해당하지 않는 사항에 관하여 증인신문에 의하지 아니하고 의견을 진술하거나 의견진술에 갈음하여 의견을 기재한 서면을 제

출하게 할 수 있다(형사소송규칙 제134조의10 제1항 및 제134조의11 제1항). 다만 위 각 조항에 따른 진술과 서면은 범죄사실의 인정을 위한 증거로 할 수 없다(형사소송규칙 제134조의12).
[2] 피고인이 피해자를 강간하려다가 피해자에게 약 2주간의 치료가 필요한 상해를 가하였다는 **강간상해**의 공소사실이 제1심 및 원심에서 유죄로 인정되었고, 피해자는 제1심 및 원심에서의 재판 절차 진행 중 수회에 걸쳐 탄원서 등 피해자의 의견을 기재한 서류를 제출하였는데, 원심이 피고인의 사실오인 내지 법리오해 주장에 관하여 판단하면서, 피해자가 한 진술의 신빙성이 인정되는 사정의 하나로 피해자가 제출한 탄원서의 일부 기재 내용을 적시하여 공소사실을 유죄로 판단한 사안에서, 위 탄원서 등은 결국 피해자가 형사소송규칙 제134조의10 제1항에 규정된 의견진술에 갈음하여 제출한 서면에 해당하여 **범죄사실의 인정을 위한 증거로 할 수 없으므로**, 원심판단에는 피해자의 의견을 기재한 서면의 증거능력에 관한 **법리를** 오해하여 범죄사실의 인정을 위한 **증거로 할 수 없는** 탄원서를 유죄의 증거로 사용한 잘못이 있다(2024. 3. 12. 선고 2023도11371).

---

⑧ 피해아동의 부모가 피해아동의 가방에 녹음기를 넣어 수업시간 중 교실에서 피고인이 한 발언을 녹음한 녹음파일, 녹취록 등은 공개되지 아니한 타인 간의 대화를 녹음한 것이므로 통신비밀보호법 제14조 제2항 및 제4조에 따라 증거능력이 부정된다고 한 사례

[1] 통신비밀보호법 제14조 제1항이 공개되지 않은 타인 간의 대화를 녹음 또는 청취하지 못하도록 한 것은, 대화에 원래부터 참여하지 않는 제3자가 일반 공중이 알 수 있도록 공개되지 않은 타인 간의 발언을 녹음하거나 전자장치 또는 기계적 수단을 이용하여 청취해서는 안 된다는 취지이다. 여기서 '공개되지 않았다.'는 것은 반드시 비밀과 동일한 의미는 아니고 일반 공중에게 공개되지 않았다는 의미이며, 구체적으로 공개된 것인지는 발언자의 의사와 기대, 대화의 내용과 목적, 상대방의 수, 장소의 성격과 규모, 출입의 통제 정도, 청중의 자격 제한 등 객관적인 상황을 종합적으로 고려하여 판단해야 한다.
[2] 피해아동의 담임교사인 피고인이 피해아동에게 "학교 안 다니다 온 애 같아. 저쪽에서 학교 다닌 거 맞아, 1, 2학년 다녔어, 공부시간에 책 넘기는 것도 안 배웠어, 학습 훈련이 전혀 안 되어 있어, 1, 2학년 때 공부 안 하고 왔다갔다만 했나봐."라는 말을 하는 등 수회에 걸쳐 아동의 정신건강 및 발달에 해를 끼치는 정서적 학대행위를 하였다는 이유로 아동학대범죄의 처벌 등에 관한 특례법 위반(아동복지시설종사자 등의아동학대가중처벌)으로 기소된 사안에서, 초등학교 담임교사가 교실에서 수업시간 중 한 발언은 통상적으로 교실 내 학생들만을 대상으로 하는 것으로서 교실 내 학생들에게만 공개된 것일 뿐, 일반 공중이나 불특정 다수에게 공개된 것이 아니므로, 대화자 내지 청취자가 다수였다는 사정만으로 '공개된 대화'로 평가할 수는 없어, 피해아동의 부모가 몰래 녹음한 피고인의 수업시간 중 발언은 '공개되지 않은 대화'에 해당하는 점, 피해아동의 부모는 피고인의 수업시간 중 발언의 상대방에 해당하지 않으므로, 위 발언은 '타인 간의 대화'에 해당하는 점을 종합하면, 피해아동의 부모가 피해아동의 가방에 녹음기를 넣어 수업시간 중 교실에서 피고인이 한 발언을 녹음한 녹음파일, 녹취록 등은 통신비밀보

호법 제14조 제1항을 위반하여 공개되지 아니한 타인 간의 대화를 녹음한 것이므로 통신비밀보호법 제14조 제2항 및 제4조에 따라 증거능력이 부정된다(2024. 1. 11. 선고 2020도1538).

---

⑨ 통신비밀보호법에서 정하는 '청취'의 의미 및 대화가 이미 종료된 상태에서 그 대화의 녹음물을 재생하여 듣는 행위가 '청취'에 포함되는지 여부(소극)

통신비밀보호법 제3조 제1항은 누구든지 이 법과 형사소송법 또는 군사법원법의 규정에 의하지 아니하고는 우편물의 검열·전기통신의 감청 또는 공개되지 않은 타인 간의 대화를 녹음 또는 청취하지 못한다고 규정하고 있고, 같은 법 제16조 제1항은 이를 위반하는 행위를 처벌하도록 규정하고 있다. 여기서 '청취'는 타인 간의 대화가 이루어지고 있는 상황에서 실시간으로 그 대화의 내용을 엿듣는 행위를 의미하고, 대화가 이미 종료된 상태에서 그 대화의 녹음물을 재생하여 듣는 행위는 '청취'에 포함되지 않는다(2024. 2. 29. 선고 2023도8603).

[6] 증거동의와 증거능력
[7] 탄핵증거
[8] 자백의 보강법칙
[9] 공판조서의 증명력

신현식 변호사

주요 약력
서울대학교 법학과 졸업
고려대학교 법학전문대학원 졸업
서울대학교 법학과 형사법전공 석사수료

법률사무소 더본
중앙경찰학교 형사법 교수
대법원 국선변호인
서울중앙지방법원 국선변호인
서울 수서·방배경찰서 자문변호사
서울 동대문경찰서 청소년 선도심사위원

주요 저서
로스쿨 국제거래법(법문사)
파르페 형법 총론·각론 기본서(도서출판 더본)
파르페 형사소송법(수사·증거) 기본서(도서출판 더본)
파르페 형법 총론·각론 기출문제집(도서출판 더본)
파르페 형사소송법(수사·증거) 기출문제집(도서출판 더본)
파르페 형법 핵심기출지문(도서출판 더본)
파르페 형사소송법(수사·증거) 핵심기출지문(도서출판 더본)
파르페 형사법 1개년 판례집(도서출판 더본)

파르페 형사법 1개년 판례집(2024년)
정가 12,000원

2025년 2월 1일 인쇄
2025년 2월 10일 발행

저자	신현식
발행인	신현식
발행처	도서출판 더본 서울시 송파구 백제고분로 63, 1111호(잠실동, 위너스Ⅰ)
등록번호	제2022-00134호
교재문의	02-594-9588 / FAX : 02-584-9589
학습문의	네이버카페 [신현식형법형소법] (https://cafe.naver.com/withshs)
ISBN	979-11-987531-7-5

본서의 무단 전재·복제행위는 저작권법에 의하여 5년 이하의 징역 또는 5천만원 이하의 벌금에 처하여 처벌될 수 있습니다.
저자와의 합의로 인지를 생략합니다.